中学校道徳サポートBOOKS

偉人で「考え、議論する」道徳授業を創る

小泉博明・大舘昭彦
《編著》

明治図書

はじめに

　道徳教育とは，「人生いかに生きるべきか」という生き方の問題と言いかえることができる。人生は一度だけのかけがえのないものである。よって，人間は何度も人生を経験することができないのである。誰もが経験がないだけに，先人の「人生いかに生きるべきか」についての指針や手がかりが必要となる。もちろん，決して「偉人」の人生をコピーするような，あるいは鋳型にはめ込むような生き方を推奨するものではない。とはいえ「学ぶ」とは，「まねぶ（真似ぶ）」が語源であるといわれる。人間は他者の言動や行動を模倣し，そして自らの生き方・在り方を模索し，一歩ずつ自らの人生を歩んでいくのである。時には喜び，怒り，あるいは哀しみ，楽しむという感情の起伏を体験しながら，繰り返し困難を乗り越え人生を切り開いていくのである。そういう意味でも，「偉人」を題材とした教材は，自己を錬磨するための砥石の役割を担うものである。高等学校の公民科「倫理」では，哲学者または思想家のことを「先哲」という。世間では，あまり聞きなれない言葉であろう。本書では，中学生の発達段階に応じて，「先哲」を含め，広い意味での「偉人」と総称するのである。

　さて，「特別の教科　道徳」が始まるが，今までの特設「道徳の時間」による道徳教育が一新され大転換するものではない。教育には「不易」と「流行」があるが，どうしても「流行」への関心が高まることは否定できない。ましてや，今までも実践しているが「考え，議論する道徳」が標榜され，アクティブ・ラーニングの手法を積極的に導入することが論じられている。ここで留意すべきは，従来の「読み物資料」と呼ばれるものは，主人公の心情に寄り添うことを求めるため，登場人物の心情理解のみに偏った形式的な指導となっているのではという批判である。「読み物資料」，その中でも「偉人」を題材とした教材が，そのような批判の文脈で読まれることがあってはならない。ましてや，「偉人伝」と称されるものが古色蒼然とし，その役割が終わるがごとくの言説であってはならない。言うまでもなく道徳教育は，一人ひとりの生徒が生きる上で出会う様々な場面において，生徒自らが主体的に判断し，道徳的行為を選択し，実践することができるような道徳性を育成するものである。本書はその趣旨に則り，これまでの道徳教育に対する批判を十分に理解した上で，日本の伝統と文化を理解する観点からも，「偉人」の生き方を通して道徳性を育成することを目指すものである。よって，本書の積極的な活用を期待する。

　なお，本書は公益財団法人上廣倫理財団の出版助成により刊行したものである。財団に対し心より感謝申し上げる。

編集委員を代表して　小泉　博明

もくじ

はじめに

1章　生徒に伝えたい偉人の話で創る道徳授業

1　生徒に伝えたい偉人たち ……………………………………… 8
2　憧れの生き方を知ることで生徒が変わる …………………… 10
3　本書で取り上げる偉人 ………………………………………… 12
4　偉人を扱った道徳授業のスタイルと留意点 ………………… 14

2章　偉人の話で創る道徳授業プラン

A　主として自分自身に関すること

A－(3)　向上心，個性の伸長
世阿弥 ……………………………………………………………… 18
教材名「一子相伝の芸と芸術論」

A－(1)　自主，自律，自由と責任
福沢諭吉 …………………………………………………………… 24
教材名「諭吉先生の教え」

A－(5)　真理の探究，創造
内村鑑三 …………………………………………………………… 30
教材名「『勇ましい高尚なる生涯』とは」

A－(4)　希望と勇気，克己と強い意志
夏目漱石 …………………………………………………………… 36
教材名「牛になる」

A－(4)　希望と勇気，克己と強い意志
吉野作造 ·· 42
教材名「理想の実現のために」

A－(4)　希望と勇気，克己と強い意志
本田宗一郎 ·· 48
教材名「すべての無駄はつながっている」

B　主として人との関わりに関すること

B－(6)　思いやり，感謝
緒方洪庵 ·· 54
教材名「道のため，人のため」

B－(6)　思いやり，感謝
田中正造 ·· 60
教材名「田中正造の正義」

C　主として集団や社会との関わりに関すること

C－(12)　社会参画，公共の精神
渋沢栄一 ·· 66
教材名「人間を辞職するわけにはいかん」

C－(11)　公正，公平，社会正義
石井筆子 ·· 72
教材名「いばらの路でも」

C－(18)　国際理解，国際貢献
新渡戸稲造 ·· 78
教材名「かけ橋として生きる」

C −⒄　我が国の伝統と文化の尊重，国を愛する態度

岡倉天心　……………………………………………………………………………… 84

教材名「岡倉天心の生き方」

C −⒀　勤労

松下幸之助　…………………………………………………………………………… 90

教材名「仕事は何のために」

C −⒅　国際理解，国際貢献

緒方貞子　……………………………………………………………………………… 96

教材名「世界はつながっているのだから」

D　主として生命や自然，崇高なものとの関わりに関すること

D −⒆　生命の尊さ

貝原益軒　……………………………………………………………………………… 102

教材名「自分のからだは自分だけのもの？」

D −⒇　よりよく生きる喜び

正岡子規　……………………………………………………………………………… 108

教材名「誰かこの苦を助けてくれるものはあるまいか」

D −⒆　生命の尊さ

宮沢賢治　……………………………………………………………………………… 114

教材名「宮沢賢治の作品にみる自然と人間との関係」

D −⒆　生命の尊さ

手塚治虫　……………………………………………………………………………… 120

教材名「『火の鳥　鳳凰編』にみる手塚治虫の生命観」

1章
生徒に伝えたい偉人の話で創る道徳授業

1 生徒に伝えたい偉人たち

❶なぜ，偉人たちなのか

　教育基本法の第二条五に「伝統と文化を尊重し，それらをはぐくんできた我が国と郷土を愛するとともに，他国を尊重し，国際社会の平和と発展に寄与する態度を養うこと」とある。このように，「伝統と文化」を尊重するには，日本の伝統と文化を深く理解するだけではなく，海外にそれを発信することも必要なのである。例えば，キリスト者であった内村鑑三が英文で書いた『代表的日本人』がある。西郷隆盛，上杉鷹山，二宮尊徳，中江藤樹，日蓮という五人の偉人を紹介し，西欧文化を追いかける明治以降の日本において，日本人がどう生きるべきかを模索したのであった。道徳教育における「偉人たち」というと，伝統的な「読み物資料」を思い浮かべ，いささか古めかしいというイメージがある。しかも，これから必要とされるアクティブ・ラーニングに十分に対応できるであろうかという懸念もある。しかし，教育における「不易」と「流行」を考えるならば，人物学習はまさに「不易」なものであり，それを手がかりに，人間の生き方を考えさせることができるのである。

❷教材の開発と活用の創意工夫

　中学校において「特別の教科　道徳」が先行実施され，文部科学省検定済教科書も発行される段階となっている（平成29年現在）。本書において，生徒に伝えたい偉人たちとはどのような人物なのかを，新学習指導要領に則り整理すると次のようになる。

　新学習指導要領の「特別の教科　道徳」においても，「生徒の発達の段階や特性，地域の実情等を考慮し，多様な教材の活用に努めること」とされ，例えば「伝統と文化，先人の伝記」等を題材とし，「生徒が問題意識をもって多面的・多角的に考えたり，感動を覚えたりするような充実した教材の開発や活用を行うこと」とある。さらに新学習指導要領解説には，「伝統と文化を題材とした教材には，その有形無形の美しさに国や郷土への誇り，愛情を感じさせるものなどが想定される。また，先人の伝記には，多様な生き方が織り込まれ，生きる勇気や知恵などを感じることができるとともに，人間としての弱さを吐露する姿などにも接し，生きることの魅力や意味の深さについて考えを深めるものなどが想定される」とある。

　また，題材とする人物の選定に当たっては，「生徒の関心を重視するだけではなく，その人物の生き方から人間としての生き方を考えさせる場面を設定できることが重要である」とある。

　今後の「特別の教科　道徳」においては，主たる教材として教科書を使用しなければならないが，道徳教育の特性を鑑みれば，従前と同様に「偉人たち」を題材とした「人物教材」や各

地域に根ざした「郷土資料」などを有効に活用することが肝要であり，期待されるものである。本書は，新学習指導要領に則り，いたずらに生徒の興味や関心を引くだけの教材を選定したのではない。生徒に興味や関心をもたせつつも，道徳教育を生かした展開が可能となるような「先人の伝記」を題材として，人間としての生き方を考えさせることができるように創意工夫している。

❸「特別の教科　道徳」に生かす教材

新学習指導要領においては，教材は「人間尊重の精神にかなうものであって，悩みや葛藤等の心の揺れ，人間関係の理解等の課題を含め，生徒が深く考えることができ，人間としてよりよく生きる喜びや勇気を与えられるものであること」とある。

まず，「人間尊重の精神」は，道徳教育の目標の中で一貫しているものである。自己の人格と同様に他者の人格を相互に尊重し，普遍的な人間愛の精神へと高めることであり，「偉人たち」の生き方を通して，深く考えることができるものである。

そして，新学習指導要領解説には「先人の多様な生き方が織り込まれ，生きる勇気や知恵などを感じる教材，人間としての弱さや吐露する姿等にも接し，生きることの魅力や意味の深さについて考えを深めることができる教材，（中略）人間としての生き方に迫ることができる」題材とある。

このような新学習指導要領の主旨に則り，それに十分に応える教材といえば，やはり「偉人たち」を題材としたものだろう。なお，教育ではなく「教化」という言葉がある。それは特定の社会集団を維持することを目指し，既存の価値や行動様式の内面化を意図するものである。たとえ「偉人たち」の生き方に憧憬し，模倣するようなことがあったとしても，決して生徒に「偉人たち」の生き方を押しつけたり，鋳型にはめたりするものではない。あくまでも教材として「偉人たち」を取り上げるのは，生徒が「偉人たち」の生き方を手がかりとし，自らの生き方を主体的に考えることを目指すからである。

❹中心となる場面の設定

偉人といわれる人物の略伝を知ることも大切であるが，あくまでも基本的な知識に限定することが大切である。その偉人にまつわるエピソードや言葉を手がかりにし，特に中心となる場面に着目し，その人物の葛藤や苦悩などを通して，どのように生きるべきかを考え，選択したのかを，他者との関わりの中で，生徒が自らの問題として「考え，議論する」ことをねらいとしている。生徒の発達段階に応じて，適切な指導や助言を行い，稚拙な議論に終始することなく，教室で真剣に一人ひとりが考え，議論できるようにすることも必要である。また，時間をかけて，「待つ」「聴く」ことにより熟成していくものと考え，拙速にならないような配慮も必要である。

(小泉　博明)

2 憧れの生き方を知ることで生徒が変わる

❶将来の夢をもてることの大切さ

　今，自分の将来の夢を語れる中学生がどれくらいいるだろう。ニートなどの問題がクローズアップされて久しいが，そのような状況を受け，現在ではどこの中学校でもキャリア教育が進められるようになった。しかし，例えば職場体験学習などの活動は行われていても，自分自身の将来を真剣に考え，生き方を思い描くことのできる生徒は少ないように思える。

　現代の生徒たちが置かれている状況は，多少の差はあるにせよ大変恵まれている場合が多いのではないだろうか。OECDによる調査[注1]では，日本の貧困率は先進国の中でもあまりよい状態とはいえないようである（詳しくは厚生労働省の調査を参照のこと）。二極化が進んでいるということかもしれないが，実際の生徒たちを見ていると，多くの場合あたたかな部屋があり，食事がある。家族から買い与えられた携帯電話やスマートフォン，ゲーム機をもち，何不自由なく生活しているように見える。そのような恵まれた生活の中では，夢が漠然としていて，自分の将来を様々に思い描くことができなかったとしても仕方ないのかもしれない。

　しかし，自らの夢に思いをはせることは，生徒たちのこれからを考えた時，大変重要なのではないだろうか。核家族化が進み，筆者の近隣の地域でも，保護者が共稼ぎの家庭が多いと聞く。特に，ある程度成長した中学生になるとなおさらのことである。両親ともに忙しい中では，なかなか将来を見通した自らの進路先や適正について家族で語り合うことはできないのかもしれない。

　中学校でも総合的な学習の時間や特別活動の時間などを活用し職場について学ぶ機会を増やし，それらを通して生徒たちの職業観を育てようと努力はしているが，限られた時間や機会，体験場所などの中では業種も限られ，変化にとんだ体験を直接することは実際には難しい。どのようにすれば生徒たちは自分の将来像を思い描くことができるのか，そこにはやはりモデルとなる人物の生き方が必要である。

　決してそれらのモデル通りに生きようと考えさせることがねらいなのではない。多くの偉人の生き方から自らの生き方へのヒントが得られればよいのである。そして，その中に含まれている道徳的な諸価値について，多くの仲間たちと議論や討論する中から，多面的・多角的に学んでいけるようにすることが大切であろう。

❷夢に向けてのモデルとしての偉人たち

　自分の将来に夢がもてることは，様々な点で学習の動機づけともなりうるのではないだろう

か。今回多くの偉人たちを取り上げているのは，生徒たちが自分の将来に思いをはせるヒントになればと考えたからである。

　本書では，18名の偉人を取り上げる。生徒たちのよく知る人物や，あまり身近ではないが（初めてふれる人物もいるだろう），その生き方が生徒たちに何らかの学びを示唆してくれるであろう人物ばかりである。

　「特別の教科　道徳」の授業での学びでは，教材の中の登場人物に自分自身を重ねて（その役割を取得して※注2）考える中から，目指すべき価値について考え，学ぶことが必要である。偉人たちが示してくれるモデルとなるような生き方を通して，仲間とともに様々な観点から議論し，多くの考えにふれながら，自分自身の目指すべき姿をつかんでいく。そんな時間となればよいのではないだろうか。

　もちろん，それら偉人の生き方の全てを生徒たちが真似できるわけではない。むしろできないような，ものすごい生き方をしているからこそ偉人なのである。しかし，その中から学ぶべき価値は，私たち大人も含め大変高いように思う。様々な偉人の生き方は，生きる上での示唆を与えてくれる。

　「モデリング」という言葉がある。偉人に対する憧れは，その対象の人物に少しでも近づきたいという心に通じ，行動へとつながるということである。偉人について学ぶことにより，その人物への憧れの気持ちから多くのことを吸収することができれば，生徒個々の道徳性の向上につながることが期待できるのではないだろうか。授業の中で，憧れをもてるような学びを創り上げていくことが大切なのである。

※注1　『平成26年版　子ども・若者白書』（内閣府）より。子どもの相対的貧困率は1990年代半ば頃からおおむね上昇傾向にあり，2009年には15.7％となっている。子どもがいる現役世帯の相対的貧困率は14.6％であり，そのうち，大人が1人の世帯の相対的貧困率が50.8％と，大人が2人以上いる世帯に比べて非常に高い水準となっている。

※注2　役割取得能力（Ability of Role-Taking）：ハーバード大学のセルマンは「相手の気持ちを推測し，理解する能力」のことを「役割取得能力：Ability of Role-Taking」と提唱し，レベル0からレベル4までの5段階の発達段階があることを明らかにしている。この他にもコールバーグが，「自分の気持ちや考えと同等に他者の立場に立って，その人の考えや気持ちを推し量り，それを受け入れ，調整して，それらを対人交渉に生かす能力」とするなど，多くの研究者によって提唱されており，文献も多数ある。

（大舘　昭彦）

3 本書で取り上げる偉人

❶「私たちの道徳　中学校」における偉人

　「私たちの道徳　中学校」の中には「saying　この人のひと言」という、偉人（先哲）の珠玉の言葉が挿入されている。しかし、偉人の略伝もなく、歴史的、社会的な背景なしには、珠玉の言葉の意味を正確に理解することは困難であろう。場合によっては、言葉の意味が誤って伝わる危険性すらある。まして、偉人の言葉を生徒自らの生き方の手がかりにするには、情報が乏しく、その契機とはならないであろう。

　また、「column　人物探訪」「message　メッセージ」などによる「この人に学ぶ」もあるが、わずか1ページだけの内容構成では、読み物教材として活用するには十分なものとはいえないのである。そこで、本書で取り上げる偉人は、高校生向けに企画・出版された『日本の思想家　珠玉の言葉百選』（日本思想学習指導研究会編、日本教育新聞社）を基底にしている。読者へのメッセージには、「世界に誇る日本の思想家がいる。現代に蘇る先人達の足跡、ちりばめられた珠玉の言葉百選を読めば、あなたの人生を彩ることになる。あなたの琴線に触れる言葉にきっと出会えるに違いない。そして、世界の中の日本人としての自分を見つめるだろう」とある。

　広く捉えて、日本の偉人を取り上げるのは、子どもたちの国際性を涵養するに当たり、狭量なエスノセントリズムに陥ることのないように十分に配慮し、するどい国際感覚と日本人としての自覚とを一体とする必要があるからである。この『日本の思想家　珠玉の言葉百選』から、即ち100人の中から、中学校の道徳教育に活用すべき偉人を精選し、中学生の発達段階に応じた内容に再構成し、「私たちの道徳　中学校」よりも偉人に関する内容を充実させ、「道徳科」の授業に対応できるものとした。

❷「道徳科」の内容項目に応じて

　中学校道徳の内容項目は、現行の「1-(1)」から「4-(10)」までの24項目から、「道徳科」になると、「A-(1)」から「D-(22)」までの22項目へ変更となる。特に、現行の「3　主として自然や崇高なものとのかかわりに関すること」の内容が、最後の「D」と入れ替わることになる。本書では「道徳科」に対応する自作教材を作成し、「A　主として自分自身に関すること」「B　主として人との関わりに関すること」「C　主として集団や社会との関わりに関すること」「D　主として生命や自然、崇高なものとの関わりに関すること」の四つに分類し、偉人を取り上げている。

しかしながら，どの偉人も「Ａ」から「Ｄ」に関わる人生を歩み，複数の内容項目に関わるのである。そこで，偉人の人生における中心となる場面を設定して，それに関することとして分類している。

❸取り上げる偉人について

Ａは，自分自身に関する内容である。世阿弥は能楽の完成に向けて精進し，福沢諭吉は「独立自尊」を説いた。内村鑑三はキリスト者として誠実に人生を歩んだ。夏目漱石は「自己本位」という在り方を論じた。吉野作造は民本主義を説き，本田宗一郎は自動車産業を育成した。それぞれの生き方に深い感銘を受け，生徒が生き方の手がかりを見つけることを期待する。

Ｂは，人との関わりに関する内容である。緒方洪庵は漢方医が全盛の中で，西洋医学の普及に尽力した。また，田中正造は足尾銅山鉱毒事件の解決のために奔走した。他者のために犠牲をはらい，自己の信念を貫く生き方について学んでほしい。

Ｃは，集団や社会との関わりに関する内容である。渋沢栄一や松下幸之助は，企業人として，営利を追求するだけではなく，企業が社会に対してどのように還元していくかを考え実践した。現代では，企業の社会的責任は大きいものがある。石井筆子は社会福祉で活躍した人物である。人間が個人と社会の相互作用において成立することを考え，議論してほしい。また，新渡戸稲造，岡倉天心，緒方貞子は，年代が異なるが，日本人としての自覚をもち，世界に向けて貢献した人々である。海外の文化を学ぶことは，日本の伝統や文化を再認識することでもある。

Ｄは，生命や自然，崇高なものとの関わりに関する内容である。また，現代の諸課題として「情報モラル」や「生命倫理」を取り扱うことが求められている。貝原益軒は『養生訓』が有名である。現代医療に対する，貝原益軒の別の視点を感じ取ってほしい。正岡子規は脊椎カリエスにおかされたが，最期まで苦痛に耐え執筆活動に従事した。宮沢賢治は「世界がぜんたい幸福にならないうちは個人の幸福はあり得ない」と言っている。手塚治虫は，医者であるだけに「生命」をテーマとした作品が数多くある。生命の尊さだけではなく，生命に対する畏敬の念についても考え，「よく生きる」ことも大切であるが，「生かされている」ことにも気づいてほしい。

これらの偉人の生き方を通じて，生徒は人間の気高さだけではなく，人間の脆弱性（vulnerability）も見ることになろう。しかし，偉人たちがいくたびの失敗や挫折を経験しても，諦めることなく自己の信念を貫き，どのように乗り越えて夢を実現させたのかを考え，議論することが肝要である。そして，生徒は他者との議論を重ねながら，次第に深く生きることの意味を考え自問することになろう。

(小泉　博明)

4 偉人を扱った道徳授業のスタイルと留意点

　「偉人」については，おそらく今までの副読本の中に，いわゆる「人物資料」として様々な教材が掲載されていたはずである。あくまで道徳の時間であるので，その人物個人の歴史について深く学んだり，人物の気持ちばかりを読み取っていたりするのでは，道徳科の授業としてねらいにせまるのは，なかなか難しいものがあろう。それでは，どのようにすればいわゆる「特別の教科　道徳」の授業として成立するのだろうか。この章ではそのポイントについて述べる。

❶道徳授業の基本的なスタイルとは

　今までの読み物教材を使った道徳の時間の指導過程を見ると，導入⇒展開前段⇒展開後段⇒終末とされるものが多かったのではないだろうか。指導書に書かれている指導案のほとんどは，おそらくこの形であろう。いわゆる定番教材と一般的な展開例，これらが「よく見られる一般的な形の展開例」から「基本形」と呼び名を変え，最終的には「こうあらねばならない」とされたことに，道徳授業の形骸化は起因しているのではないだろうか。基本は絶対的なものではない。もっと柔軟に様々な工夫をしていけば，たとえ理解すべき内容が難しい偉人の教材であったとしても，生徒たちの琴線にふれる授業は容易にできるはずである。

①教材を使って，偉人の考えにふれ，それを知る

　偉人を扱った道徳科の授業は，その人の思想や歴史的な背景について学ぶことがねらいではない。偉人について記したものはあくまで教材である。それらを用いて学ばせたい道徳的価値に気づかせることが大切なのだ。とはいえ，生徒たちになじみの薄い人物であれば特に，その当時の歴史的背景も含めて説明しなければ，その価値が伝わりにくいことも考えられる。時系列を追って，その一つ一つの事柄を説明していたのでは，時間がいくらあっても足りない。そこで，教材を工夫し，人物の中心となる場面や思想に絞って提示し，生徒の理解を高めていく必要がある。その上で，様々な角度から考えさせることが大切である。

　また，生徒自らが主体的に（能動的に）学習に取り組まなければならない。教材が示している価値への学びを，自らの問題として捉えられることが重要であろう。

②「偉人」を扱った道徳授業の留意点

◆時間を意識する

　1単位時間は50分である。もちろん複数時間扱いの指導案を構成することも可能であるが，年間35時間しかない道徳科の授業である。常に複数時間扱いというわけにはいかない。したが

って，学校教育目標に照らして，その重点項目となる価値の教材を除き，偉人についての説明を含め，50分の枠の中に入るよう準備することが大切である。そのためには，後述する教材の工夫の他にも，発問の精選，各活動の絞り込みなどの工夫が必要となる。

◆教材を工夫する

偉人の名前やその思想は，生徒たちにとってなじみの薄いものが多い。そこで，ワークシートの中にキーワードの解説や画像を取り入れて，理解しやすいよう工夫するのもよい。今の中学生は，文字情報だけではなかなか理解しにくいことがある。そこで，用語の意味の簡単な解説も含め，一目でヒントが得られるよう工夫することが大切であろう。

◆ねらいを明確にする

本書で扱われているどの偉人にも，生徒たちに伝えたい明確な価値がある。しかし，歴史的な背景やその個人の詳細な情報に焦点が当たりすぎると，授業のねらいが曖昧になりぼやけてしまう心配がある。教材で扱う場面を中心場面に絞り込んでおくことが大切であろう。ねらいが広すぎれば広すぎるほど，生徒たちが学ぶであろう内容もぼやけてしまう。

❷その他，具体的な展開例と工夫

①ワークシートの工夫（生徒の理解を助ける手立て）

道徳科の授業では，書く活動もたいへん重要となる。それは評価にもつながるからである。加えて，今回の教材は情報量がどうしても多くなる。その詳細を説明することはできないので，ワークシートの中にあらかじめいくつかの情報を載せておけば，その説明を省略することができる。ただ予定された発問を載せてあるようなワークシートではなく，生徒たちが自ら見つけた問いに対しても対応できるような工夫があればさらによい。

②指導方法の工夫（例：ディベート的な手法を活用する）

生徒たちが主体的に議論し討論するためには，指導方法の工夫が必要である。アクティブな授業を目指すためには，役割演技など心と体の動きを伴った展開も必要である。また，教材の中に出てくる主人公の心情のみの理解にとどまっていては，議論がなかなか盛り上がらないこともあろう。偉人たちの生き方について，それを肯定・否定それぞれの立場に分け，ディベート的な手法を取り入れ活発な話し合い活動をしていくことも，大変有効な方法であろう。

③教科の学習と関連させる

1単位時間50分，限られた時間である。効果的な指導とするために，他の教科等と関連させながら，授業を構成していけるとよい。年間指導計画ならびに全体計画別葉をきちんと機能させる。その上で，教科の学びに合わせた授業が実施できれば，より効果的なものとなろう。

（大舘　昭彦）

2章
偉人の話で創る道徳授業プラン

A　主として自分自身に関すること

世阿弥

思想家について

❶世阿弥の生涯

　1363年生まれ。いくつもの座が寺社，貴族，武士，そして将軍の庇護を求めて競い合った時代であった。世阿弥はそんな中で少年時代，将軍足利義満の目にとまり，その芸ばかりではなく，外見やその他の能力も含めて寵愛を受け，一座が庇護を受け中心に躍り出ることになった。一座の棟梁の座を引き継ぎ，父の跡を継いで完成させたものが「夢幻能」（後述）という形式である。足利義満の没後，足利義持が将軍となる。彼も初めは先代同様に世阿弥を庇護していたが，やがて田楽の増阿弥に関心が移り，世阿弥は冷遇されるようになる。

　その間に，父・観阿弥から教えられた芸能の理論を，自らの考えも交えながら長い期間にわたり書き記したものが『風姿花伝』である。中世に表された，その芸能，芸術の論は世界的に見ても先進的といえるものであった。晩年，事情はつまびらかではないが，佐渡に流されることになり，没した場所も不明である。

❷世阿弥の思想

　能を演じるときの美的理念は「幽玄」という独特の美意識である。そこはかとない，かすかな，深く澄んだ静かな美しさであり，仏教の無常観（全てのものは移り変わり消えゆくものであるという教え）が当然，背景にある。このような美意識を伝える言葉が「花」である。観る者に深い感動を与える面白さ，珍しさであり，決して他人にやすやすと見せるべきものではない秘事であった。「秘すれば花」といわれる所以である。『風姿花伝』は花を知ること，花を失うことが語られているのである。

　その芸を身につけるために大切な心構えを説いた言葉が「初心忘るべからず」という金言であった。広く伝わっている言葉であるが本意は正しく伝わっていないであろう。世阿弥が伝えた本来の意味は，「若い頃の未熟な芸を忘れるな」という意味である。稽古は一生続くものである。芸が上達した結果，名声を博することができる。しかし，その上達の過程を忘れてしまえば，未熟な芸に逆戻りしていても自覚することができない。是も非も初心を忘れるな。その時分時分の初心を忘れるな。老境に入っても初心を忘れるな。このように未熟な芸を生涯忘れてはならない，そういう意味の警句であった。

18

授業のポイント

❶この思想家を通して生徒に考えさせたいこと

　多くの中学生は何らかの芸術，スポーツなどの部活動や稽古事に取り組んでいるのではないか。つらく厳しい練習を経験し，時にはやめたいと感じることもありながらそれを続け，遊びや勉強など時間に追われながら，その両立に悩むこともあるだろう。そんな中学生にふと立ち止まってもらい，芸や技を磨く意義やその心構えについて自ら深く掘り下げて考えさせることも重要であろう。それは部活動や稽古事を深めるきっかけにもなるし，後の人生を豊かにすることに資するものになるかもしれない。

　世阿弥は幼少の頃から80歳近くまで能をつくり，演じ，人びとにいかに魅力的に見せるか考え続け，その心構えや技を後世に残すために芸能論，芸術論を書き記していった。600年も昔に言われたことが現在にも通じることを実感させることも，日本の伝統と文化を身近に感じさせることになるだろう。

　一座の棟梁となり，家族，仲間を率いるリーダーとしての重い責任の中で，芸が評価され名人や達人と言われることによって，その地位をつくり，一座の繁栄を願っていたであろうことは想像に難くない。そのためには後進の育成は至上命題であり，自分が学び身につけたことを厳しく一座の他の者に伝えていくことも大事なことであった。

❷教材のポイント・考えさせたい中心場面

　日本における独特の美意識である「幽玄」についての理解を深めさせたい。それは誰でも一目でわかる美しさ（例えば西洋的な美）とは異なることを伝えたい。その上で，誤解されて伝えられている「初心忘るべからず」という言葉について，その言葉から想像される意味を自由に答えさせ，その後本当の意味を提示した上で，まず生徒の思っている常識・世間的な考えを揺さぶりたい。さらに，自分が取り組んでいる部活動や稽古事に重ね合わせて考えさせ，初心（未熟な状態）から，今現在の状態，将来の理想の状態を想像させた上で，自分の心構えの反省＝振り返りと，今後の在り方などを考えさせたい。

❸指導上の留意事項・工夫点

　世阿弥は多くの競争相手の一座がある中で，将軍の庇護を受け，そのパトロンのおかげで一躍スターになったが，それはそう長くは続かなかった。

　だが，日本の中世という時代において世阿弥によって優れた芸能が完成し，その理論まで語られたという世界史的に見ても画期的な業績に注目させることによって，我が国の伝統と文化に誇りをもたせることができるであろう。

2章　偉人の話で創る道徳授業プラン　19

一子相伝の芸と芸術論

【夢幻能】

　父・観阿弥の跡を継いで世阿弥が完成させた能が「夢幻能」である。それまでの能（猿楽）は主人公は人間であり現在進行形で物語が進むものであった。それに対して夢幻能は，主人公（シテ）が神，鬼，亡霊，精霊など現実世界を越えた存在なのである。

　夢幻能の流れは以下のようなものである。まず物語を導入するワキ（シテの相方）が登場する（彼は脇役ではなくわからせる人，進行役である）。ワキは多くの場合「旅人」「旅の僧」である。つまり，住所を定めず放浪する人，出家という形で世俗の世界から離れた人であり，いわゆる普通の人びととは異なる背景をもつものが手引きをするのである（僧は死者を弔い，祈りをささげる存在である）。

　そこに里人（シテ，実は主人公）が現れ，その地に関わるエピソードを語り始める。旅人が不審に思いながら尋ねると，実は私がそのゆかりのものであると暗示し，消えていく。舞台では中入りという休憩の後，後半の場面で，旅人の仮寝の夢の中に主人公が登場し，物語を語り，心情を吐露し，舞を舞う。いつしか旅人の夢は覚め，主人公は消えている。

【幽玄】

　日本の独特な美意識「侘び・寂び」とならぶ，幽玄という美的理念は世阿弥によって完成され，能を演じる際の最も重要な理想的な境地とされている。その美は，公家や高貴な人のたたずまいであると例示され，優雅で品のある姿や風情，容易にはかりしれない，そこはかとない美しさである。

　伊勢物語に題材をとった「井筒」の舞台では，在原業平の妻が彼を恋い慕い，在原業平の形見の衣装を着て舞い，子どもの頃に共に遊んだ井戸をのぞき込み形見をまとった自らの姿を映し，夫の姿を追慕する。

　「空を見れば，一面，澄みわたった秋の空。あたりは松風ばかりが聞こえてくる」とシテが語り，「寺の井戸の澄んだ水に月が映っている。そのさえざえとしてきれいなことよ」と謡いで語られる。

　決して声高ではなく，静かに美しい情景がさめざめと描写される。世阿弥は幽玄の美につい

て詳細に明示してはいないが，能の舞台の上にこそ幽玄があると言ってよいであろう。能の舞台では基本的に終演になっても観客は拍手はしないことになっている。世界に様々な舞台芸術がある中で拍手をしないというのは珍しいであろう。演者が厳かに舞台を去るのを静かに見送って，観客はしみじみとその幽玄の美しさを感じるのである。幽玄の美の一側面であろう。

【初心忘るべからず】

　世間に広く知られている言葉でありながら，間違った意味で使われている言葉の代表かもしれない。世阿弥が晩年にかけて表した，道を究めることや演出上の理想の在り方，稽古の大切さなどを説いた芸能論が『花鏡』であり，そこで強調されている言葉である。

　「しかれば当流に万能一徳の一句あり。初心忘るべからず。この句，三ヶ条の口伝あり。是非の初心忘るべからず。時々の初心忘るべからず。老後の初心忘るべからず。この三，よくよく口伝すべし」（『花鏡』）

　最初の決意が大切だ，習い始めた頃の謙虚な志を忘れてはならない，という意味で使われ，聞き慣れた言葉である。しかし，本来の意味は「初心」＝「失敗や苦労をして身につけた若い頃の未熟な芸」を指し，それを忘れては上達する過程もわからず先々芸を身につけることもできないというのである。

　「是非の初心忘るべからず」是も非も初心を忘れるな。「時々の初心忘るべからず」歳を重ねるとともに，その時その時に身につける芸があり，その時分時分の初心も忘れるな。「老後の初心忘るべからず」老境にあってもそれに合った芸を身につけることが必要でその時に初めて出会う苦労や試練があるかもしれず，その時に若い頃の初心も思い出し，その老齢の時の初心も忘れなければ，あらゆる芸を身につけることになる。

　「命には終わりあり，能には果てあるべからず」命はいつかはなくなるが，能という芸を身につけることにはこれで終わりというものがあってはならない。

　このように世阿弥は生涯にわたって稽古を続け，芸を身につけることを求め，厳しく戒めを残した。自身もその通りに生きて，老いていった。その厳しい修行のような稽古の果てに人びとに幽玄の美の感動を与える「花」が咲くのである。

（本間　恒男）

指 導案

(1)教材名　「一子相伝の芸と芸術論」

(2)内容項目　Ａ－(3)　向上心，個性の伸長

(3)ねらい　世阿弥の芸術論が濃縮された言葉「初心忘るべからず」の真意を考えることを通して，自分を見つめ直して自己の向上を図ろうとする態度を育てる。

(4)展開の大要

	学習活動と発問	ねらいにせまる手立て	予想される生徒の反応
導入	○「舞台の終演で拍手をしない芸能を知っていますか」 ・世阿弥の説明後にタイトルを板書する。	・能についての説明をする。 ・自作教材「夢幻能」「幽玄」や映像教材を活用する。	・世阿弥の芸能論や芸術論に興味をもつ。
展開	1　世阿弥の教えにふれる。 ○「『初心忘るべからず』という言葉の意味を知っていますか」 ○「その真意は何でしょう」 2　グループで発散的に考えさせ，全体討議でどれがよいか考える。 「しかれば当流に万能一徳の一句あり。初心忘るべからず。この句，三ヶ条の口伝あり。是非の初心忘るべからず。時々の初心忘るべからず。老後の初心忘るべからず。この三，よくよく口伝すべし」 3　「時々の〜」の意味を考える。 ・今の自分やこれからの自分と照らし合わさせる。 ◎「あなたにとっての初心とは何ですか。今日の授業を振り返って考えてみましょう」	・「このような人に，この言葉を言って，こうしてもらう」という例文をつくらせる。 ・芸能を続け一族の繁栄を支えた言葉であったことを説明する。 ・ミニホワイトボードで各班の考えを提示させ，検討する。 ・前後の全文を知らせる。 ・「時々の〜」までの真意を自作教材「初心忘るべからず」の途中までを用いて説明する。 ・ワークシートに自分を見つめさせながら記入させる。書けた生徒に板書させ，説明させる。	・「最初の気持ちを忘れずに」 ・「初」「心」 ・生涯にわたり高めようとした。
終末	4　「老後の初心忘るべからず」について解説する。	・自作教材後半を解説する。 ・ベテランの先生から不断の研修についての話をしてもらう。	・自分の遠い将来を想像し考える。

授業モデル

❶導入

世阿弥や能について，ほとんどの生徒が知らないと予想される。そこで，「舞台の終演で拍手をしない芸能を知っていますか」と問い，興味・関心を高める。そして能についての説明を自作教材の「夢幻能」「幽玄」や映像教材で理解させる。実施時期はカリキュラム・マネジメントの視点から，社会科の歴史の授業の「室町時代の文化」の後が望ましい。さらに，棟梁としてその繁栄を目指していたこと，そのために芸能論や芸術論を残したことを知らせる。

❷展開

世阿弥の言葉を通して，世阿弥の教えにふれさせる。『花鏡』にあり，生徒にとってもなじみのある「初心忘るべからず」という言葉についての知識を問う。「最初の気持ちを忘れずに」という認識の生徒が多いであろうが，その真意についてグループワークを活用して考えさせる。芸能を続け一座の繁栄を支えた言葉であったことを説明し，前後の全文「しかれば当流に万能一徳の一句あり。初心忘るべからず。この句，三ヶ条の口伝あり。是非の初心忘るべからず。時々の初心忘るべからず。老後の初心忘るべからず。この三，よくよく口伝すべし」（『花鏡』）を示して全体討議で考えさせる。「時々の〜」までの真意を説明し，今の自分やこれからの自分と照らし合わさせる。

生涯にわたり高めようとした教えにふれることで，生徒に向上心を育てることができる。

❸終末

「老後の初心忘るべからず」について，必要に応じてベテラン教師をゲストティーチャーに招き，関連する体験談を解説してもらい，授業を終える。

❹板書例

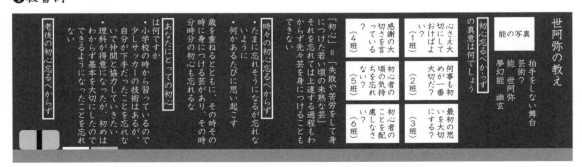

（桃﨑　剛寿）

A 主として自分自身に関すること

福沢諭吉

思想家について

明治期の啓蒙思想家，慶應義塾の創設者，ジャーナリスト。封建精神を批判し，西洋文明を紹介し，個人の自発的精神を基盤とする国家独立を主張した。

❶福沢諭吉の生涯

1835年，中津藩の下級武士の子として大坂で生まれた。後に長崎で，その後は大坂の緒方洪庵の適塾で本格的に洋学（西洋の学問）を学んだ。幕末に三度洋行し，この体験を通して西洋の社会や思想に直にふれた。時代が徳川幕府の封建社会から明治維新による近代社会へと移る中，福沢諭吉は慶應義塾（のちの大学）を創設し，文明開化の拠点たらんとした。また，国民精神の変革を目指し啓蒙活動を展開した。『西洋事情』『学問のすゝめ』『文明論之概略』等の著作の発行，『明六雑誌』『時事新報』紙上での論考を通して，封建精神を批判し，西洋文明を批判的に摂取することをすすめ，個人の自発的精神を基盤とする国家独立を主張し続けた。自由民権運動には懐疑的で，官民調和を説き，晩年は「脱亜論」を唱えた。その思想や言説に対しては，近代合理主義・進歩史観・独立精神への評価と，国権主義の側面への批判とに二分される。

❷福沢諭吉の思想

『学問のすゝめ』では，個人の独立，自由，平等は天賦であるとし，封建思想を批判，学問の意義を提唱した。主体的客観的な近代実学の重要性を主張する。実証性の実，実用性の実を強調し，同時に事物の真理を探究する大切さも説いた。

『文明論之概略』では，日本文明の始造，文明の理念と制度を提唱した。文明化と独立の一体，文明の精神＝一身独立の気風を強調する。〈文明〉とは人々の精神の発達（＝智徳の進歩していく状態）をいい，それに伴って人々は気品ある高尚な人格を形成していくと考え，〈独立〉とは文明の精神を獲得した人のことを指すという。

『修身要領』は福沢諭吉の命で門下生が起草，福沢諭吉が査読し，死の前年に完成。全編にわたり「独立自尊の人」「自他の独立自尊」「国の独立自尊」とあり，独立自尊の思想が貫かれている。

授業のポイント

❶この思想家を通して生徒に考えさせたいこと

〈自分は「いかに」生きるのか?〉

　変遷する時代の中で,人としての在り方や進む方向の「決断」は,否応なく求められている。どうすればよいのか。その先導の一つとして,福沢諭吉の「独立自尊の精神」を学ぶ。

　いかに生きるのか。福沢諭吉は心の真ん中に「独立自尊の精神」を置いた。

❷教材のポイント・考えさせたい中心場面

①福沢諭吉の思想の中心

　「いかに」生きるのか?　……時代の転換期に,福沢諭吉が到達した新しい人間の在り方とは,心の革命を起こして,「独立自尊の精神」で生きよう,ということだった。

　精神とは,気持ちや単なる心という意味ではなく,心の核,高い次元の心的能力であって,覚悟してもち続ける,強固なものであることに留意させたい。

②独立自尊の精神とは?

　他人に頼らず,自ら思慮分別し,自己の品位を保つ気風である。端的に言えば,学問を土台とし,自分の頭で考え,判断し,行動すること。自身の人格・尊厳を保つこと。その覚悟があること。

　さらに,自らの独立自尊の精神の自覚は,他者の独立自尊の精神の尊重へとつながること。そして,自分の人格・尊厳を保つことは,自己中心性や孤立とは反対に,他者の人格・尊厳を尊重することにつながるということに気づかせたい。

③独立自尊の精神の大切さ

　福沢諭吉は,身分制度に異議を唱え,維新期の変動する社会・世の中で,また,西洋の文明を知る中で,新しい人間の在り方とは何かと考え続けた。その結果,人間は平等・自由である。しかし,自由はわがままではなく,世の中には,様々な人間の在り方がある。それゆえ,福沢諭吉は,責任の伴う自主自由であり,有形のものではなく無形のものである文明の精神,つまり「独立自尊の精神」に到達した。

　福沢諭吉がさしせまった危機感,強い動機をその背景にもっていたこと,時代が変わった現代でも,「独立自尊の精神」は重要であることを考えさせたい。

(高橋　勇)

2章　偉人の話で創る道徳授業プラン　25

諭吉先生の教え

【諭吉先生が描き示した「独立自尊」】

『文明の精神とは何ぞや，いわく，人民独立の気力，すなわち是なり』

　この言葉は，言いかえれば「独立自尊の精神」であり，福沢諭吉の思想の中心にあるものといえます。

　福沢諭吉は1835年，下級武士の次男として大坂で生まれました。当時の日本は封建制度の時代でした。どんなに才能に恵まれていても身分が低ければ一生その志を伸ばすことはできません。士農工商という身分による差別が重くのしかかっている時代でした。福沢諭吉の父・百助は，福沢諭吉が1歳半の時に病死しましたが，福沢諭吉には父もこうした身分制社会の犠牲者の一人と思われたのでした。「門閥制度は親の敵でござる」，この思いを福沢諭吉は生涯にわたって抱き続けました。

　その後，福沢諭吉は，1854年の「開国」以来，西洋列強と種々の外交交渉の必要が増した幕府のもとで三度アメリカやヨーロッパを訪れる機会を得ました。初めて目の当たりにする西洋文明の中にあって，福沢諭吉は多くのものに強い関心をもちました。具体的には紙幣・学校・病院，果ては蒸気自動車・ガス燈まで，その範囲は多岐にわたりました。その上で，西洋文明の根底にある「自由」の精神というものへの思いを強くしました。

　時代は徳川幕府の封建社会から明治維新による近代社会へと移り，新政府の西洋文明志向は明白となりました。こうした大きな時代の変化を福沢諭吉は追い風ととらえました。今日からは今までに体験したこともない「便利」な機会にめぐりあえるというのです。これを福沢諭吉は「あたかも一身にして二生を経るが如く」と記しました。

　1872年，福沢諭吉は『学問のすゝめ』を刊行しました。「『天は人の上に人を造らず人の下に人を造らず』と云えり」という有名な言葉で『学問のすゝめ』は始まります。「されども」と続けて福沢諭吉は述べます。本来人々はみな平等なはずなのに現実は夥しくも不平等である。その理由は何か。「……ただ学問を勤めて物事をよく知る者は貴人となり富人となり，無学なる者は貧人となり下人となるなり」。つまり，それは学んだか学ばないかで決まるのだといい，伝統や通説に安易によりかかり，疑うことすらしない心のあり様を強く批判しました。

その上で福沢諭吉は，学問を土台として，他人に頼らず，自ら考え判断し，行動する覚悟をもつ心，その精神を獲得した人のことを「独立した個人」といいました。ではなぜ「独立」が大切なのか。三度の洋行体験を通して，さらにはこれまでの蘭学・英学を通して，福沢諭吉は西洋の社会・思想にふれました。その西洋社会を〈文明〉とみなし，翻ってアジア諸国の半植民地状態を目の当たりにするにつけ，何よりも国の独立が急務との思いを強く抱きました。そして国の独立を支えるものこそ，何ものにもしばられない「自主自由」な「独立した個人」だというのが福沢諭吉の見出した〈文明の原理〉でした。

　福沢諭吉は，文明化とは形あるものではなく，無形の「人民独立の気力」こそが「文明の精神」をなすものと考えました。そして1875年に『文明論之概略』を刊行しました。そこでは西洋文明を概観し，文明の精神が「人民の気風」に基づくものであることを改めて力説しました。
　また，西洋文明と比較して日本文明は権力が特定の勢力の人たちに偏りすぎている，と論じました。しかも，それは政治の世界だけではなく，社会のどの面にもあきらかに存在する，といいます。
　そして最終章「自国の独立を論ず」では，日本の最大の課題は近代国際社会の中で発展することであり，そのためには国民に基礎を置いた国家にならなければならないことを説きました。それは強兵よりも富国，それよりも精神の改革を促すことでした。
　こうして福沢諭吉は〈文明〉の本質を説き，服従に慣れた人々に「独立の精神」を呼び起こす必要性を訴えました。

　しかし，福沢諭吉の目指す「独立した個人」にはいくつかの不安が予想されますし，それは明治期の当時であっても指摘されていました。例えば，規則と約束を重視する「他人と他人とのつき合い」という状態は人々を冷淡・孤立にしてしまい，その内面はさびしいのではないか，ということです。
　こうした不安に対して福沢諭吉なりの答えを披露しました。その一つとして，独立した精神を内側から支える支柱の必要性を説きました。それは「自尊」，すなわち名誉やプロ意識というものとは異なる，独立した人間という品位を伴った存在であること自体への誇りといえるようなものです。

2章　偉人の話で創る道徳授業プラン　27

指 導案

(1)教材名　　「諭吉先生の教え」

(2)内容項目　　A-(1)　自主，自律，自由と責任

(3)ねらい　　①自主的に考えて決定し，それを実行することの大切さを理解させる。

　　　　　　　②自らの意思や判断で行動した時は，その結果に責任をもつ態度を育成する。

(4)展開の大要

	学習活動と発問	ねらいにせまる手立て	予想される生徒の反応
導入	1　本時のテーマを知る。 ○「『文明の精神とは何ぞや……』とは，どのような意味でしょうか」	・文章の中から気になる言葉を挙げさせ，意味を想像させ，本時の内容への動機づけをする。	・わからない。 ・独立。 ・文明の精神。 ・気力。
展開	2　教材の範読を聞いて考える。 ○「『身分が低ければ能力があってもダメだ』という時代に福沢諭吉は，どんな思いをもっていたでしょうか」 ○「西洋の様子を福沢諭吉はどう思ったでしょう」 ○「西洋と日本を比べて，福沢諭吉は何が必要だと考えたのでしょうか」 ◎「現代に置き換えて，福沢諭吉が考えた『独立自尊』とはどんなものかをグループで話し合いましょう」 3　グループでの話し合いの結果を全体に発表する。	・指導者が範読し，気になる箇所をチェックしながら聴取させる。 ・それぞれの段階で福沢諭吉がどのような考えをもったかを共感的に確認させる。 ・対立する部分を明確にする。 ・グループに分かれる前に，時代の違いを確認させるために発問する。 ・4人程度のグループを組ませ話し合わせる。 ・単にどちらかの選択ではなく，根拠を明確にしながら話し合わせる。 ・時間があれば，全体でもう一度話し合う機会をつくる。	・封建社会の中では仕方がない。 ・そんな時代に生まれなくてよかった。 ・やはり西洋は進んでいる。 ・自由は大切だ。 ・このギャップは大きい。 ・やる気が出ない。 【グループ討議から】 ・昔より自由だからこそ，もっと自分がしっかりしなければならない。 ・自分の考えをはっきりともたなければならない。
終末	4　今日の授業を振り返って考えたことを書く。	・今日の話し合いをもとに自分の考えを見つめ直す。	

28

授業モデル

❶導入

　福沢諭吉の言葉を提示して、その中で気になる言葉を挙げさせ、それをキーワードとして、その言葉がどのような意味なのかを想像させる。
　また、この言葉が福沢諭吉のものであることも紹介する。

❷展開

①前半部は、教材を確認しながら、福沢諭吉の考えがどのようなもので、なぜそう思ったかの理由づけに着目させながら追っていく。
②後半部に移る前に、思考の背景となる時代に対する意識をもたせ、「明治時代」と「現代」の違いについての確認をする。
③①・②をふまえて、小グループに分かれ、福沢諭吉が考えた「独立自尊」とは、どのようなものを思い描いていたのかを、現代に置き換えて、理由を明らかにしながら考えさせる。この時、指導者はグループを回りながら話し合いの様子を確認し、適宜アドバイスをして話し合いが円滑に進むように働きかける。
④それぞれのグループでの話し合いで考え出されたものを簡単に発表させる。その際も「なぜそのような話になったのか」という根拠を明確にさせる。
⑤時間があれば、全体でもう一度話し合う機会をつくる。

❸終末

　本時の「個人」→「グループ」という考察の流れを整理して、もう一度「個人」に戻って、本時の学習のまとめをする。

❹板書例

（鈴木　敬三）

A　主として自分自身に関すること

内村鑑三

思想家について

❶内村鑑三の生涯

　1861年に高崎藩士の長男として江戸に生まれた。1877年に札幌農学校に第2期生として入学，水産学を専攻した。「Boys, be ambitious（少年よ，大志を抱け）」の言葉で知られるW.S.クラークに感化されキリスト教徒となった第1期生のすすめで，生涯の親友となった同級生の新渡戸稲造らとともに，キリスト教に入信した。札幌農学校卒業後は，水産学の分野で先駆的な業績を残した。23歳で渡米し，苦学しながら神学を学んだ。

　1891年，第一高等中学校の講師だった内村鑑三は，教育勅語奉読式において，キリスト者としての良心から神以外のもの（勅語）を礼拝しなかったとして世間の非難を受け辞職した（不敬事件）。その後，著述に没頭し，英文で書かれた『代表的日本人』などにより，文名を高めた。また，足尾銅山鉱毒事件に関して財閥を批判し，日露戦争では非戦論を唱えるなど，時代に大きな影響を与えた。1930年に満69歳で亡くなった。「人類の幸福と日本国の隆盛と宇宙の完成を祈る」という言葉を最期に遺している。

❷内村鑑三の思想

①「二つのJ」と「武士道の上に接ぎ木されたるキリスト教」

　内村鑑三は，自らの宗教は「二つのJ」すなわち，イエス「(Jesus)」と日本「(Japan)」のためにあると述べている。また，彼は，武士道に見られる高潔な精神を高く評価したが，武士道そのものに日本国を救うだけの力はなく，「武士道の上に接ぎ木されたるキリスト教」こそが世界最善であり，世界を救うものと説いた。

②「絶対平和主義」と「無教会主義」

　日露戦争に際して内村鑑三は，戦争は人を殺すことであり，人を殺すことは大罪悪であると述べて開戦に反対し，主戦論一色の中で，キリスト教の立場から絶対平和主義の非戦論を唱えた。また，キリスト教の日本的展開として，聖書にのみ基づく「無教会主義」を提唱した。

授業のポイント

❶この思想家を通して生徒に考えさせたいこと

　中学生の時期は，「自分は何のためにこの世に生まれてきたのだろう」といった人生についての根源的な問いや，「これからの人生をいかに生きるべきか」といった将来への思いを抱き始める年頃である。自分がこの世に生きた証を残したい，できれば後世のためになる何かを残してから死にたい，という思いは，誰でも一度は抱くはずである。しかし，「後世に残るような偉大な功績を残すなど自分には無理。だいたい，自分の生活だけで精一杯」というのが私たちの通常の心境だろう。

　そうした心情に対し，内村鑑三は理解を示す。当時の内村鑑三自身が，挫折と失敗を繰り返した末，貧窮と失意のどん底にあったのである。その内村鑑三が，誰にも可能な「後世への最大遺物」として提示したのが，「勇ましい高尚なる生涯」であり，具体的には，後世のために，この世に何か一つでも遺そうという志や気概をもって真面目に生きること，その生き方そのものである。そうした心がけをもって生きることにより，私たちは，無価値な人生ではなく，水辺に植えた樹が徐々に芽を萌き枝を生じていくような実りある生涯を送ることができる，と説くのである。生徒に問いかけながら，内村鑑三の主張について考えさせたい。

❷教材のポイント・考えさせたい中心場面

　「後世への最大遺物」「勇ましい高尚なる生涯」という言葉が意味するものについて，深く考えさせたい。それに続いて，生徒自身が考える「後世への最大遺物」とは何か，ディスカッションや論述を通して考えさせることが授業のポイントになる。

❸指導上の留意事項・工夫点

・「真面目」という表現に留意したい。内村鑑三が「真面目」という言葉で表したのは，試練に向き合う態度である。

・私たちが送っている当たり前の生活も，「真面目な生き方」で生涯を送った先人たちの「遺物」であることに気づかせたい。

・鈴木範久著『近代日本のバイブル　内村鑑三の「後世への最大遺物」はどのように読まれてきたか』（教文館）には，失意の青年期に『後世への最大遺物』に励まされた多くの人々とともに，「自作教材」に紹介したような現代の高校生たちの声も紹介されている。

・短く読みやすい著作なので，関心を示した生徒には全文を読ませたい。また，現在でも日本の在り方を考える上で示唆に富む『デンマルク国の話』や，英文で書かれ，世界各国で読み継がれている『代表的日本人』の日本語訳についても一読をすすめたい。　　　　（井上　兼生）

2章　偉人の話で創る道徳授業プラン　31

「勇ましい高尚なる生涯」とは

【教材前半】
　最近,「将来世代への責任」という考え方が, 環境問題などに関連して重視されるようになっているが, 約120年も前に, 次のような言葉を残した人物がいる。

　「私たちに生命を与えてくれたこの美しい地球, 国や社会, 私たちを育ててくれた山や河に何も残さずに死んでしまいたくはない, 何か記念物を残したい。……少しでもこの世の中をよくしてから逝きたい」

　これは, 1894年, 後に日本を代表するキリスト教思想家となる内村鑑三が33歳の時に行った講演での言葉である。この講演録が,『後世への最大遺物』として1897年に発刊された。この言葉は,「将来世代への責任」に通じるところがあり, 日本で最初に地球規模での環境について述べられた言葉ともいわれている。

　内村鑑三は, 天文学者のハーシェルが20歳の頃に彼の友人に語った言葉を紹介する。
　「わが愛する友よ, われわれが死ぬときには, われわれが生まれたときより, 世の中を少しだけでもよくして往こうではないか」
　そして,「私たちも, この言葉のように何か一つでも世の中によいことを残したいではありませんか」と問いかける。
　何かこの世に生きた証を残してからこの世を去りたい。では, 何を残したらよいか。誰でも一度は抱くこうした思いが, この講演を貫くテーマなのである。

　では, 後世に残すべき遺物(贈り物)は何か。お金を後世の社会のために残し活用してもらう, お金も立派な遺物である。世のため人のためになる事業を起こし, それを後世に残すことも, 本を書いて思想を後世に残すことも価値のあることである, と内村鑑三は述べる。

　しかし, お金や事業, 思想などは誰にでも残すことができるものではない。
　それらを後世に残すことができないならば, 私は無用の人間として消えてしまわなければならないのか。そう思うと, 私は失望のどん底に陥ることが度々ある, と内村鑑三は述べている。

　実は, この頃の内村鑑三は, 失意と貧困でどん底の状況にあったのである。したがって,「富も名声もない人間が後世に何を残すことができるか」という問いは, 講演をした当時の内

村鑑三自身にとっての切実な問題でもあった。

内村鑑三は考えぬいた。お金や事業や思想は本当に残すべき最大のものだろうか。それらは，場合によっては害をもたらすこともある，と内村鑑三は考えた。

それでは，誰にでも残すことができ，利益だけがあって害のない最大遺物とは何だろうか。それは，「勇ましい高尚なる生涯」である。というのが，内村鑑三がたどりついた答えだった。

【教材後半】
では，「勇ましい高尚なる生涯」とは何か。

内村鑑三によれば，それは後世のために，この世に何か一つでも残そうという志や気概をもって真面目に生きること，その生き方そのものである。そうした心がけをもって生きることにより，私たちは，無価値な人生ではなく，水辺に植えた樹木の種が徐々に芽を出し枝を伸ばして，やがて大樹に成長するように，後の世代の人々へとつながる実りある生涯を送ることができる，と説くのである。

そうした生き方の実例の一つとして，内村鑑三は19世紀のイギリスの歴史家カーライルが，何十年も心血を注いで書き上げた『フランス革命史』の原稿を焼失した際のエピソードをあげている。ぜひ読みたいという友人に貸した原稿は，友人の不注意によりストーブのたきつけに使われ焼失してしまったのである。茫然自失の日々の中で，カーライルは，その程度で失望するような愚か者の書いた原稿にはたいした価値はない，と自覚するにいたる。そして，自らを励まして，再び筆を執り，原稿を書き直した。

不運にあっても，勇気を起こして再び立ち上がったカーライルの生き方こそが，彼の著作以上の，後世への大きな遺物だと内村鑑三は述べている。

そして，内村鑑三自身も，失意と困難に打ち勝とうと自らを奮い立たせ，高い志をもち誠実で気骨のある生き方を後世に残した，西郷隆盛など日本の歴史的人物5人を取り上げ，英文の本にまとめて刊行した。この著作『代表的日本人』は，日本人の精神性の高さを世界に発信した本として，今日まで世界で読み継がれている。

「様々な不幸や困難に打ち勝つ気力と誇りをもって真剣に人生を生きるその生き方こそが，『後世への最大遺物』なのだ」というメッセージは，今日にいたるまで多くの人々に強い感銘を与えてきた。特に，自信や希望を失った無数の若者たちを励ましてきたのである。

〈参考文献〉内村鑑三著『後世への最大遺物・デンマルク国の話』岩波文庫

2章　偉人の話で創る道徳授業プラン　33

指 導案

(1)教材名　「『勇ましい高尚なる生涯』とは」
(2)内容項目　Ａ－(5)　真理の探究，創造
(3)ねらい　「よりよく生きたい」という自分の未来やよりよい社会を創ろうとする主体的な態度を育てる。
(4)展開の大要

	学習活動と発問	ねらいにせまる手立て	予想される生徒の反応
導入	1　本時のテーマを知る。 ○「『世の中をよくしたい』という内村鑑三の意見をどう思いますか」	・ここでは，「自分が生まれた時よりも世の中をよくしたい」という内村鑑三の考えに共感させる。	・よくしたい。 ・あまり考えていない。 ・自分は今の時代をよくするようにがんばるべきだ。
展開	2　教材前半の範読を聞く。 3　内村鑑三の「後世に何を残せるか」という問いについて考える。 ○「『何も残せないのは無用な人間なのか』という考えについてどう思いますか」 ○「『たとえ残せたとしても場合によっては「害」になるものもある』という考えについてどう思いますか」 ◎「グループで内村鑑三の『誰もが残せる最大遺物とは何だろうか』という問いについて話し合いましょう」 4　グループでの話し合いの結果を全体で発表する。 5　教材後半を視聴し，自分たちの意見と比較する。	・指導者が範読し，気になる箇所をチェックしながら聴取させる。 ・内村鑑三の考えについて押さえ，対立する部分を明確にする。 ・４人程度のグループを組ませ，話し合いをさせる。 ・話し合いの前半は，考えられるものを列挙させる。（ここでは，意見を拡散させることが目的なので，「可能性」をキーワードとして設定する） ・話し合いの後半は，列挙されたものの中で，最も望ましいものを検討させる。（ここでは，出されたものを収束させることが目的なので，「最も」をキーワードとする） ・時間があれば，全体でもう一度話し合う機会をつくる。 ・教材の後半を範読し，内村鑑三の考えに共感させるとともに，自分たちの考えの相違点などを考えさせる。	・そうは思わない。 ・そう思うのであれば，悲しい。 ・確かに，そういうものはたくさんあると思う。 ・昔の人が，未来に向けてつくったものだから害ではない。 【グループ討議から】 ・家族や記憶。 ・青年海外協力隊などで国際貢献をする。 ・科学を究めて，学問的に貢献する。 ・地域のボランティア活動をする。 ・全ての人に共通する遺物を残すことは難しい。無理なのではないか。
終末	6　今日の話し合いから（学んだこと）考えたことを書く。	・今日の話し合いをもとに自分の考えを見つめ直す。	

授業モデル

❶導入

導入では，生徒たちに「世の中がよりよくなってほしい」という思いに共感させ，内村鑑三について理解させる。

❷展開

教材は前半と後半に分け，前半を展開で活用する。前半では，次の2点についての考えを共有してから，グループ活動を実施する。

「何も残せないのは無用な人間なのか」

「たとえ残せたとしても場合によっては『害』になるものもある」

次に，4人程度のグループで内村鑑三の考える「最大遺物」とはどんなものかを話し合わせる。初めは，たくさんの意見を出させるため「可能性」をキーワードとして様々な意見を出させる。（グループに分かれる前に，自分の考えをまとめさせる）

次に，話し合いで出された意見の中で，みんなが納得する「最も」よいものは何かということをポイントとして話し合わせる。

指導者は，グループを回り話し合いの様子を確認しながら，適宜アドバイスをして話し合いが円滑に進むように働きかける。時間があれば，全体でもう一度話し合う機会をつくる。

❸終末

最後に教材の後半を提示して，内村鑑三が考えていたことと自分たちが考えたことを比較して考察させる。さらに，本時の「個人」→「グループ」という考察の流れを整理して，もう一度「個人」に戻って，本時の学習のまとめをする。

❹板書例

（鈴木　敬三）

A　主として自分自身に関すること

夏目漱石

思想家について

❶夏目漱石の生涯

　夏目漱石（本名・金之助）は1867年，江戸の牛込（現東京都新宿区）で名主を務める夏目小兵衛直克の末子として生まれた。生後すぐ里子に，1歳で名主・塩原家に養子に出されるが，9歳の時に養父母が離婚し実家へ戻されるなど，恵まれない幼少年時代を送った。

　第一高等中学校時代に正岡子規と出会い，俳句の手ほどきを受ける。正岡子規とは彼の死まで深い友情で結ばれた。1893年，東京帝国大学英文科を卒業，大学院まで進み，卒業後は旧制松山中学校（愛媛県），第五高等学校（熊本県）で教鞭を執る。

　1900年，文部省から命じられ英語の研究のため2年間イギリスに留学する。帰国後，第一高等学校と東京帝国大学の講師となるが，留学中から神経衰弱に悩まされていた夏目漱石は，高浜虚子から気晴らしに文章を書くことをすすめられ『吾輩は猫である』を執筆。これが好評を博し，続いて『坊つちやん』などの作品を発表し人気作家となる。この頃から夏目漱石のもとには多くの門下生が集うようになる。

　1907年，大学を辞め朝日新聞社に専属作家として入社し，新聞紙上で『三四郎』『それから』『門』などを連載した。1910年，『門』を執筆中に胃潰瘍を患い，転地療養先の伊豆の修善寺で大量吐血，危篤状態となるも一命をとりとめる（修善寺の大患）。その後も，『彼岸過迄』『こゝろ』『道草』などを発表するが，1916年，49歳の時，長年患っていた胃潰瘍が悪化し，『明暗』を未完のまま残して生涯を閉じた。

❷夏目漱石の思想

　夏目漱石の思想の根本をなすのは，「自己本位」に根ざした倫理的な個人主義である。それは，小説作品などを通して人間のエゴイズムを深く見つめ，近代的自我の在り方を探究した末に到達した考え方である。

　夏目漱石は，西洋の開化（近代化）が「内発的」，つまり内的必然性によって自ずから展開したものであるのに対し，日本の開化は「外発的」で，西洋の外圧により急激な発展を余儀なくされた「皮相上滑りの開化」であると捉えた。そして，「自己本位」によって，日本の開化を内発的なものに転換する生き方を見いだそうとした。

授業のポイント

❶この思想家を通して生徒に考えさせたいこと

　夏目漱石の作品は，今でも多くの日本人に読まれ続けている。中学生でも『坊つちやん』などを読んだことのある生徒はいると思われるが，読み通すことが大変な作品が多いかもしれない。その点，夏目漱石の手紙は，読みやすく，長さも小説に比べればずっと短い。手紙を通して，日本で最高の人生の教師ともいわれる夏目漱石が，人生をいかに生きるべきかについて，様々な語り口で説いてくれるのである。読みやすい現代文にして，夏目漱石が何を伝えようとしているかを考えさせれば，「考え，議論する道徳」授業の，格好の教材の一つだと思われる。

　また，講演をまとめた作品も読みやすい。『現代日本の開化』は，「内発的開化」と「外発的開化」について語っている。『私の個人主義』は，「自己本位」について語っている。どちらも，ある意味では現代においてますます重要になってきているテーマを取り上げており，中学生でも十分理解できる。考えさせる教材として活用したい。

❷教材のポイント・考えさせたい中心場面

　夏目漱石は二度も「牛になること」の大切さを説いている。人生を生きる上での心構えとして，夏目漱石はどのようなことを伝えたかったのかを考えさせたい。

　続いて，「決して相手をこしらえてそれを押しちゃいけません。相手はいくらでも後から後からと出て来ます。……何を押すかと聞くなら申します。人間を押すのです」の部分は，やや難しいが，大事なポイントである。ディスカッションや論述を通して考えさせたい。

　ヒントの一つとなるのは，まだ新進作家だった武者小路実篤が自分の作品を曲解した新聞記事に激怒し，夏目漱石に取り消しを命じてほしいと依頼した手紙に対し，夏目漱石が忠告した有名な返信（1915年6月15日）の一節である。そんな権力は自分にはないが，新聞社にはきちんと伝えましょう，と述べた後，夏目漱石は次のように続ける。「私もあなたと同じ性格なので，こんな事によく気を悩ませたり気を腐らせたりしました。　しかしこんな事はいつまで経っても続々出てきて際限がないので，近頃は出来るだけこれらに超越する工夫をしております。私は随分人から悪口やら誹謗を受けました。しかし私は黙然としていました。……武者小路さん。気に入らない事，癪に障る事，憤慨すべき事は塵芥の如く沢山あります。それを清める事は人間の力で出来ません。それと戦うよりもそれをゆるす事が人間として立派なものならば，出来るだけそちらの方の修養をお互いにしたいと思いますがどうでしょう」

　気に入らない相手と次々に戦い続けて消耗するよりも，それらを「超越する工夫」をして，人間の真の生き方を探求することこそが大事ではないか，という視点を提示したい。

自作教材

牛になる

　文豪・夏目漱石は、『吾輩は猫である』や『坊つちやん』『草枕』『こゝろ』など、現在も親しまれている多くの名作を残した。近代日本を代表する国民的作家である。
　夏目漱石は、実によく手紙を書いたことでも知られる。小説を書く時には、推敲を重ね、命を削るほど文章に全神経をそそいだ夏目漱石だが、手紙は気持ちのおもむくままに書き、推敲もしなかった。家族や友人・知人、弟子たちや読者など、手紙の相手は様々で、世間一般の話から文学論や人生論などあらゆる話題が生き生きと書かれている。嘘や偽善を嫌った夏目漱石の率直で思いやりのある人柄が文章ににじみ出ている。

　夏目漱石は、教え子や門下生たちにも親身に接し、慕われた。さかんに手紙のやりとりもした。ここでは、最晩年の門下生である芥川龍之介と久米正雄に宛てた手紙を紹介したい。
　二人は、1916年7月に東京帝国大学英文科を卒業したばかりで、芥川龍之介は、すでにこの年の2月に発表した短編『鼻』を夏目漱石に手紙で絶賛されていた。
　芥川龍之介は、尊敬する大作家に激賞され、天にも昇るうれしさであっただろう。この夏目漱石の手紙によって、小説家になる決意を固め、新進作家としてデビューした。

　芥川龍之介とともに、久米正雄も後に小説家になっている。それは、二人にとって大きな決断だった。
　なぜなら、師と仰ぐ夏目漱石が、勤めていた全ての教職を辞職し、京都帝国大学教授という栄誉ある職への誘いも断って、当時は社会的地位の低かった職業作家になり、小説の創作に打ち込んできたことを、よく知っていたからである。
　夏目漱石は、明治維新後の日本社会が、人間関係が解体する危機におちいっており、人々は「他人本位」、つまり自分を見失っている状態にあると考えた。そして、「自己本位」の生き方を主張した。「自己本位」とは、身勝手な利己主義ではなく、自身の「自己」とともに他人の「自己」も尊重し、互いに尊重し合って個性を発揮することである。そうした考えを抱きながら、夏目漱石は、小説などの執筆を通して、人間の本当の生き方を探究し続けたのである。

　芥川龍之介と久米正雄は、7月に無事大学を卒業したので、8月中旬から二人で千葉県一宮に遊びに出かけ、9月上旬まで滞在した。そして、そこから夏目漱石に何度か手紙を出している。夏目漱石は、二人宛てに8月21日に返信の手紙を書き、次のようなアドバイスをしている。
　「君たちは新時代の作家になるつもりでしょう。僕もそのつもりで、君たちの将来を見ています。どうぞ偉くなってください。しかし、むやみにあせってはいけません。ただ牛のように

ずうずうしく進んで行くのが大事です」

　芥川龍之介ら次の時代を担う文学青年への，夏目漱石の期待は大きかったようである。その三日後の８月24日に，また二人宛てに手紙を書き，前の手紙の言葉を補うように，次のように書いている。

　「牛になることはどうしても必要です。われわれはとかく馬になりたがるが，牛にはなかなかなり切れないです。……

　あせってはいけません。頭を悪くしてはいけません。根気強くおやりなさい。世の中は根気強さの前に頭を下げることを知っていますが，火花の前には一瞬の記憶しか与えてくれません。うんうん死ぬまで押すのです。それだけです。決して相手をこしらえてそれを押してはいけません。相手はいくらでも後から後からと出てきます。そうしてわれわれを悩ませます。

　牛は超然として押して行くのです。何を押すかと聞くなら申します。人間を押すのです。文学者を押すのではありません」

　この二通の手紙を，二人は感激しながら繰り返し読んだ。どれほど感激し励まされたかは，この手紙を受け取った翌日に，芥川龍之介が，思いを寄せていて後に結婚する女性に，ついにプロポーズの手紙を出していることからも推測できる。

　夜遅くまで，二人は手紙を読み返しながら話し合ったに違いない。

　「漱石先生は，僕たちに人生の心構えを説いてくれているのだ」

　「世の中は根気強さの前に頭を下げるけれど，火花の前には一瞬の記憶しか与えてくれない，という言葉は，一つの作品だけでは忘れられてしまうから，根気よく作品をつくり続けなさい，ということだろうね」

　「漱石先生は，ただ牛のようにずうずうしく進んで行くのが大事です，牛になることはどうしても必要です，と二度も牛になることが大切だと強調なさっている。この，牛のようにずうずうしく進んで行く，とは，どういうことだろう？」

　「その後の『牛は超然として押して行くのです。何を押すかと聞くなら申します。人間を押すのです。文学者を押すのではありません』とは，どういう教えなんだろうか？」

〈参考文献〉

夏目漱石著『漱石書簡集』　岩波文庫

夏目漱石著『漱石全集』第22〜24巻，岩波書店

（井上　兼生）

指 導案

(1)教材名　「牛になる」

(2)内容項目　A－(4)　希望と勇気，克己と強い意志

(3)ねらい　夏目漱石の言う「牛になること」とは何かを考えることを通して，気に入らない相手と次々に戦い続けて消耗せず，それらを「超越する工夫」をして生きていこうとする態度を育てる。

(4)展開の大要

	学習活動と発問	ねらいにせまる手立て	予想される生徒の反応
導入	1　夏目漱石・芥川龍之介・久米正雄について知る。 ○「夏目漱石を知っていますか」	・1年時の国語の教材に『坊つちやん』が出てきたことを想起させる。 ・写真，作品名などを簡単にまとめた掲示物を用意する。	・『坊つちやん』『吾輩は猫である』の作者。 ・芥川龍之介『蜘蛛の糸』，久米正雄『牛乳屋の兄弟』。
展開	2　教材を通読する。 ○「牛のようにずうずうしく進んで行くとは，どう生きていくことなのでしょうか」 3　班ごとに話し合った結果を報告する。 ○「『牛は超然として押して行くのです』『人間を押すのです』とは，どういう意味でしょうか」	・教師が範読する。 ・「牛」のイメージを問い，班で話し合う。 ・「馬」と「牛」の違いは何か。 ・「根気強く」という言葉に注目するようアドバイスする。 ・班長に報告させる。 ・「文学者を押すのではありません」の言葉に着目させる。 ・考えが出ない場合は，班で話し合うよう指示する。	・大きい。ゆっくり歩く。 ・誰が何を言おうが，気にせずやりたいことをやる。 ・速くなくてもいいから，確実にやり続ける。 ・自分の考えを押し通す。 ・文学者を相手にするのではなく，普通の読者を大事にする。
終末	4　この授業を通して考えたことをワークシートに記入する。	・夏目漱石の「自己本位」について理解させる。 ・自分の生活を振り返り，今後どうしていきたいかを考えるよう助言する。 ・3～4人指名する。 ・「自己本位」とは「個性の発揮」であることを強調する。	・進路について迷いがあったが，自分の希望を大切にしたい。 ・諦めずに根気強く物事を進めていきたい。 ・強い意志をもつ。

授業モデル

❶導入
　導入では，夏目漱石・芥川龍之介・久米正雄の作品や人物について紹介する。特に夏目漱石は国語で教材『坊つちゃん』を学習していることも多いので，イギリス留学から作家に至る過程についても解説する。その際，本人の写真を掲示し，興味・関心を高めたい。生徒の中には，夏目漱石や芥川龍之介の作品を読んだ者も多いと予想されるので，より関心が高まるであろう。

❷展開
　ノイローゼに悩んだ経験のある夏目漱石の「牛のようにずうずうしく進んで行く」という言葉に着目し，芥川龍之介と久米正雄がこのアドバイスから何を学んだかに焦点を当てる。班ごとに夏目漱石が何を言いたかったのかを考えさせることで，様々な意見を比較・検討させる。
　さらに「牛」のイメージが「超然として」「人間を押す」という言葉にどう結びつくのかを考えさせたい。特に「文学者を押すのではありません」に表現される夏目漱石の考えを理解させたい。そして班での話し合いの結果を報告し合う中で，生徒の思考の深まりを期待したい。

❸終末
　終末では授業を通して考えたことをワークシートに記入し，発表し合う。この際，「自分の生活を振り返り，今後どうしていきたいか」を考えるよう助言することで，夏目漱石のアドバイスが自分の生活に生きるはずである。特に，中学校３年生が対象の授業では，身近にせまった自らの進路と結びつけて考えることができるだろう。また，改めて夏目漱石の作品を読んでみようとする生徒が出てくることもあるだろう。

❹板書例

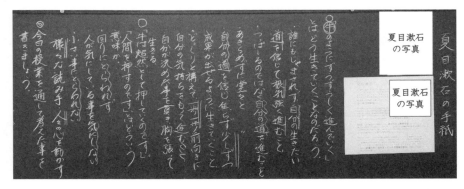

（蒔田　久美子）

A　主として自分自身に関すること
吉野作造

思想家について

宮城県志田郡（現大崎市古川）に生まれる。号は古川学人。東京帝国大学教授，法学博士。「民本主義」を主張し，大正デモクラシーの中心となった。

❶吉野作造の生涯

1878年，宮城県志田郡に生まれる。宮城県尋常中学校，旧制第二高等学校をトップの成績で卒業し，東京帝国大学法科大学政治学科に入学。大学時代は社会主義に興味をもつとともに，一木喜徳郎の国法学と小野塚喜平次の政治学に傾倒した。

後に大正デモクラシーの旗手となり，講演会なども精力的にこなした吉野作造だが，もともと気が弱く，学生時代は人前で話をする時には震えているほどだったという。大学を首席で卒業後，大学院へ入学し，同年，東京帝国大学工科大学講師となる。その後，袁世凱（えんせいがい）の長子の家庭教師や欧米諸国への留学を経験。帰国後は東京帝国大学法科大学教授となり，政治史・政治学を担当し，論文を発表するなどして民本主義を提唱した。1933年，肋膜炎により湘南サナトリウムで逝去。

❷吉野作造の思想

「民衆を開発して正義の声を理解しこれに同情し，またこれに響応するだけの素養を作ることに努めたいと思う」

吉野作造は，「民衆的示威運動を論ず」や「憲政の本義を説いてその有終の美を済すの途を論ず」などの論文を発表し，民本主義を提唱した。吉野作造の説く民本主義は「国民全体の幸福を中心に考えた政治」であったが，その実現のためには政治制度が整うだけでは十分ではなく，民衆自身が「正義とは何か」「幸福とは何か」を考え，努力してそれを勝ち取ることが必要であると考えていた。

ゆえに吉野作造は，民衆が政治に関心をもち，身近に考えることができるよう，講演会を開いたり，新聞や雑誌で政治についてわかりやすく解説したりという活動に，はげんだのである。

授業のポイント

❶この思想家を通して生徒に考えさせたいこと

　ルールは本来，様々な人びとがいる中で社会の秩序を守るために存在するものである。しかし，何のためにルールがあるのかを考えず，「自由」の意味をはき違えて簡単にルールをやぶったり，ルールになければやってもよいと主張したりする生徒も少なくない。そのため何か問題が起こるたびに規制が増え，わずらわしい思いをすることにもなるだろう。

　吉野作造は民本主義を提唱していたが，制度だけ整えばよいとは思っていなかった。たとえ制度がすばらしいものであったとしても，民衆が何のためかを考えずに感情や目先の利益に翻弄されれば，悪しきリーダーに利用されてしまい，政治が乱れることを見抜いていた。そこで彼は，講演会や新聞や雑誌によってわかりやすく政治を解説し，政治に興味や関心をもたせるなど，民衆の心に働きかけることによって社会をよりよくしようとしたのである。

　学校生活においても同様である。組織やルール（校則など）が整っていたとしても，一人ひとりが何のための組織でありルールなのかを考えなければ意味はない。その場の雰囲気に流されたり，身勝手な意見に振り回されたりするならば，学校生活は乱れてしまうだろう。みんなが安心して生活するためには，ルールを守ることはもちろん，その上で何が大切なのかを考えさせたい。

❷教材のポイント・考えさせたい中心場面

〈民衆の精神面の開発が最も大切〉

　吉野作造は，民衆の幸福のための政治を実現するには，民衆自身が自分の感情や目先の利益のみにとらわれるのではなく，「正義とは何か」を考えていかなければ社会全体の幸福にはつながらないと主張した。

　学校生活においても，生徒それぞれが自分の都合による自由ばかりを主張したとすれば，お互いに気持ちよい生活を送ることはできないだろう。

　吉野作造は心を変革することによって，社会を変えていこうとした。このことに気づかせ，「ルールは何のためにあるのか」「自由とは何か」を考えさせるとともに，生徒自身が自分や学級，学校について振り返ることができるようにさせたい。

❸指導上の留意事項・工夫点

・生徒に身近な学校生活に当てはめるとどのようなことがいえるのかを考えさせていく。
・政治的な内容に深入りして論点がずれてしまわないように留意する。

2章　偉人の話で創る道徳授業プラン　　43

理想の実現のために

　吉野作造は，1878年に宮城県志田郡に生まれた。小学校から大学まで全て首席で卒業した優秀な人で，後に東京帝国大学の教授になった。

　1905年，日本は日露戦争に勝利したにもかかわらずロシアから賠償金を得られなかった。そのことに対する不満から民衆が暴動を起こした。日比谷焼き討ち事件である。こうした示威運動はその後何度も繰り返され，内閣を倒したこともあった。

　吉野作造は1910年から3年間欧米に留学したが，そこで特に力を入れて研究したのは，長い間虐げられてきた人々がどうやって基本的な権利を取り戻したのかということであった。

　当時の日本では，一部の政治家が自分たちにとって都合のよい政治をしていたが，吉野作造は「政治は国民全体の幸福を考えるべきだ」と考えていたからである。

　欧米から帰国した吉野作造はこの様子を見て，

　「民衆の行動によって政治を変えられるという点では喜ぶべきことだ」

と思った。しかし，冷静に民衆の様子を見ることも忘れなかった。

　「暴動に参加している人々を見ると，感情は高ぶっているが実は何も考えていない無責任な学生などが多い。こういう人々は何者かに利用されやすい傾向をもっているものだ。これは本当に民衆が自分で考え，意志をもって行ったことなのだろうか」

　吉野作造は，民衆が利用されるのではなく，自発的に行動を起こすことができるようにするにはどうしたらよいかを考えた。

　「まずは経済的な安定が必要だろう」

　民衆の生活は苦しかった。経済的に困窮すると，「こうすれば楽になる」といったわかりやすい目先の利益にとびついてしまいがちになる。

　吉野作造はメキシコの話を思い出していた。野心家が貧しい人々に多少の給料をばらまくと，人々はいくらでもその人の兵隊となって戦う。そしてずっと兵隊でいた方が収入を得られるので，いつまでも騒動が終わらないというのである。そして，それはどこの国でも見られることであった。

　吉野作造は，日本がそうならないためには，当時ドイツで行われていた社会保障政策によって，民衆の生活の安定を図るべきであると考えた。

　「そして，民衆が政治について理解できるような活動もしなければならない」

吉野作造が留学中に見聞した西洋では，政党が演説会を行ったり，新聞や小冊子を発行したりして，あらゆる方法で民衆と接し，自分たちの立場を民衆に訴えていた。吉野作造は，そうした啓蒙活動も必要だと思った。

　「しかし最も必要なのは，精神面の開発だ。民衆が正義とは何かを理解し，自分のこととして考え，これを受け入れる素養をつくることだ」

　単に政党が民衆の人気を集めるだけでは堕落した政治になりかねない。

　例えば，世界恐慌（1929年）によって景気が悪化したドイツにおいて，ナチ党のヒトラーは既成政党を批判し，「自分ならば強いドイツを復活させることができる」と訴え，急速に支持を得た。第一次世界大戦の敗戦の屈辱から立ち直る間もなく不況にあえいでいた民衆は，彼ならかつてのドイツの栄光を取り戻してくれると熱狂し，誰も止められないほど大きな権力を彼に与えてしまった。その後，彼が何をし，ドイツがどうなったかは，歴史の語るところである。

　吉野作造は民衆の目が曇るとどんな政治になるか，すでに見抜いていたのである。

　だから吉野作造は，民衆自身が目先の利害に惑わされることなく，社会全体の幸福を考えようとする心を育てることが最も大切だと考えた。

　吉野作造はそれまで政治に無縁だった人々のために，講演会を開いたり，新聞や雑誌で政治についてわかりやすく解説したりする活動を行った。

　吉野作造には賛成する人も多かったが，反対する人も多かった。吉野作造は，批判に対しても丁寧に応えようとした。同僚の国家主義者とも激論を交わした。日本刀を持った青年が吉野作造のもとにやってきたこともあった。しかし，吉野作造はどんな人も受け入れ，最後には味方にしてしまった。

　このように吉野作造が提唱してきた民本主義は，のちに大きな影響を与えたのである。

〈参考文献〉

吉野作造著「民衆的示威運動を論ず」「憲政の本義を説いてその有終の美を済すの途を論ず」，
三谷太一郎編『吉野作造』中央公論社

〈参考ホームページ〉

吉野作造記念館　URL：https://www.yoshinosakuzou.info/

（眞所　佳代）

指 導案

(1)教材名 「理想の実現のために」

(2)内容項目 A−(4) 希望と勇気，克己と強い意志

(3)ねらい 吉野作造の生き方を考えることを通して，自らが掲げた理想を追求し，勇気と希望をもってやりぬこうとする道徳的実践意欲や態度を育てる。

(4)展開の大要

	学習活動と発問	ねらいにせまる手立て	予想される生徒の反応
導入	1 吉野作造の民本主義について解説する。	・大正デモクラシーや民本主義について説明する。	・民本主義について理解する。
展開	2 教材の範読。 ○「吉野作造が『政治は国民全体の幸福を考えるべきだ』と考えるのはどのような思いからでしょうか」 ○「吉野作造が『最も必要なのは，精神面の開発だ』と言ったのはどのような思いからでしょうか」 ◎「吉野作造が民衆の政治に対する啓発のために，反対のある中で活動していったのはなぜでしょう」 3 吉野作造の生き方を考える。 ○「吉野作造の生き方から何を学びましたか」	・戦前の日本の主権は国民にはなかったことなどの時代背景を説明し，吉野作造の考え方の秀逸さを理解できるようにする。 ・理想を実現するために，国民の意識を変え，国民をも動かそうとしている吉野作造の情熱や努力に目を向けさせたい。 ・生徒に「もし，日本刀を持った青年がきたらどうしますか」と問い，吉野作造が並々ならぬ決意で行ってきたことを感得できるようにする。 ・吉野作造が希求した民本主義は今日の民主主義につながっていることを理解させ，努力はどこかで結実することを感じ取らせるようにする。	・国民の幸せを第一に考えていた。 ・本来の政治は国民のためにあるべきだと考えていた。 ・国民の主体性を促した言葉だと思う。 ・国民に政治を自分に関係あることとして捉えてほしい。 ・自分が決めたことは希望や勇気をもってやりとげたい。 ・国民の啓発やよりよい社会の実現を図りたい。 ・他の人や社会のために努力することが大切。 ・自分が正しいと信じたことをやりぬく。
終末	4 吉野作造の名言を紹介する。今回の授業で学んだことなどを発表する。	・名言「路行かざれば到らず，事為さざれば成らず」について教師がコメントする。	・勇気と希望をもって努力していきたい。

授業モデル

❶導入

　導入では，吉野作造についての知識や当時の社会的な背景を理解していないと，展開における話し合いが深まらないと考えられるので，ポイントを絞って簡単にふれておきたい。このことで，民本主義が当時としては画期的な考え方であったことや吉野作造の偉大さを理解できると思われる。また，社会科でも大正デモクラシーについて学習しているので関連を図りたい。

❷展開

　吉野作造のように高い理想を抱き，その実現に向けて努力するのは並大抵のことではない。時にはくじけそうになる気持ちを鼓舞し，勇気と希望をもって一歩一歩前進し，やりぬくことで，掲げた理想の実現を果たすことができる。この吉野作造の崇高な生き方にふれながら，ねらいにせまるようにしたい。

　吉野作造の悩みや心の葛藤は，教材中には詳細には表現されていないが，自分に反対する者たちに対峙する場面を想起させたり，あるいは動作化や役割演技などを取り入れたりすることで臨場感をもたせるなどの工夫をし，より考えが深まるようにしたい。

❸終末

　終末での生徒の発表や感想として，吉野作造が国民のために尽力したことや社会貢献に対する称賛の言葉が述べられることが考えられる。このような他者や社会からの視点での発言があった場合は，それを支えたものは何だったのかと切り返しの発問をすることや，吉野作造の名言が自分自身の視点に立った言葉であることに注目させることで，本時のねらいが鮮明になるようにしたい。

❹板書例

（富岡　栄）

A　主として自分自身に関すること
本田宗一郎

思想家について

1906年，静岡県の鍛冶屋の息子として生まれる。本田技研工業を設立し，オートバイや自動車の研究・製造を行う。技術者であり，戦後日本を代表する実業家である。

❶本田宗一郎の生涯

小さな頃から機械いじりが好きだった本田宗一郎は，高等小学校卒業後，東京の自動車修理工場に就職，21歳で独立した。やがて，独自の自動車生産の第一歩として自動車部品の製造を始める。終戦後，本田技術研究所を設立し，エンジンの自社製造に成功すると，社名を本田技研工業に改め，本格的なオートバイを開発。世界的なレースで優勝するまでになった。四輪車に進出すると，排気ガス公害が社会問題化する中，低公害エンジンの開発に成功し，アメリカの厳しい排気ガス規制法であるマスキー法の基準に世界で初めて合格した。

66歳で社長を辞めた後は，「ホンダのためにがんばってくれた人たちのためにお礼を言いたい」と全国の工場，販売店を訪問するとともに，社会貢献，海外文化交流などに精力的に取り組んだ。

❷本田宗一郎の思想

「成功は99％の失敗に支えられた1％である」

一見，人もうらやむ成功を収めた実業家に見えるが，本田宗一郎の人生は苦難の連続であった。技術者でもあった本田宗一郎は，研究とは失敗の連続であり，99％は失敗と覚悟しなければできないことを熟知していた。

そんな本田宗一郎は「買う喜び，売る喜び，創る喜び」という「三つの喜び」を社のモットーとしていた。技術者として，自らのアイディアによって社会に貢献し，買う人にも売る人にも喜んでもらえるような製品をつくることを無上の喜びとしていた。

働くのはまず自分のためでなくてはならないが，そのために独りよがりになるのではなく，人に喜んでもらえなければ自分もよくならないと考えていた。好きなことをしているというだけではなく，このような哲学をもっていたからこそ，どんな苦労や失敗にも負けなかったのであろう。

授業のポイント

❶この思想家を通して生徒に考えさせたいこと

「無駄な努力をしたくない」「できるだけ楽をしてよい結果がほしい」という雰囲気が生徒から感じられないだろうか。

成功するかどうかわからないことに時間や労力をかけるのはコストパフォーマンスが悪いというのである。

必死にならなくてもそこそこ生きていける時代にあって，あえて苦難の道を選ぶのは難しいことなのかもしれない。

しかし，目標をもち，苦労して達成したからこそ得られる達成感や充実感は何ものにもかえがたい喜びである。

本田宗一郎の生涯を通して，苦難に負けず最後まで成しとげることの感動を味わわせたい。

❷教材のポイント・考えさせたい中心場面

〈無駄な苦労はない〉

思い通りにいかない時，すぐに諦めてしまったり，投げやりになってしまったりすることがある。

本田宗一郎は初め，自分が期待していた機械いじりの仕事はできなかった。ピストンリングの製造も思うように進まず，絶体絶命の危機に陥った。それでもじっとこらえ，諦めずにがんばり続けたからチャンスに巡り会えたのである。

苦労したからこそ，その後の苦労に耐える力をつけることができたのである。後になってみないとわからない，深い意味をもつ苦労があることを理解させたい。

❸指導上の留意事項・工夫点

・小さなことでもよいので，自分がやりきったことを振り返らせ，「やればできる」という気持ちを大切にするとともに，その積み重ねが大切であることに気づかせる。

・どんなことでも「できない」と決めず，「やってみたい」と思う気持ちに素直に向き合う機会をつくる。

2章　偉人の話で創る道徳授業プラン　49

自作教材 すべての無駄はつながっている

　本田宗一郎は，1906年，静岡県磐田郡（現浜松市天竜区）に，鍛冶屋の息子として生まれた。小さな頃から機械いじりやエンジンに興味をもっていて，精米屋の発動機や製材屋の機械のノコを見るのが好きな少年だった。

　小学校2～3年生の頃，初めて自動車を見て，いつか自動車をつくりたいという憧れをもつようになった。

　高等小学校を卒業すると，東京の自動車修理工場に就職した。しかし，初めは主人の赤ん坊の子守りしかさせてもらえず，期待していた機械いじりの仕事は一切できなかった。半年ほど経った時，工場が忙しくなったため自動車修理の手伝いをするように命じられた。本田宗一郎はこの時の感動を生涯忘れることはなかった。

　のちに，

「半年苦労したことがよかった。あの時の苦労と喜びを思い出せばどんな苦しさも消し飛ぶ。人生に無駄はない」

と語っている。

　21歳の時に独立して商売も繁盛したが，自動車修理ではものたりなくなり，目標だった自動車づくりの第一歩として自動車部品であるピストンリングの製造をしたいと思うようになった。

　しかし，周りの重役たちは，

「今の事業がうまくいっているのに，新しいことを始めることはない」

「もし失敗したらどうするのか」

と猛反対。

　本田宗一郎はストレスから顔面神経痛を患ってしまい，病院に通ったり湯治をしたりしているうちに2か月も仕事を離れなければならなくなった。

　しかし，その間に重役たちを説得してくれる人がいて，とうとう新しい会社をつくることができたのである。すると不思議なことに顔面神経痛はすっかり治ってしまったのだった。

　ところが，ピストンリングの製造は思ったほど簡単ではない。仕方がなく鋳物屋に相談に行ったが，

「いきなり鋳物をやるといっても簡単にできるわけがない。やっぱり年季奉公をきちんとしないと……」

と言われる始末。

　こうなったら自力でやるしかないと，専務と一緒に毎日夜中の2時3時まで鋳物の研究に取り組んだがさっぱり進展しない。本田宗一郎は後に，「一生のうちで最も精魂を尽くし，夜を日に継いで苦吟し続けたのはこの頃だ」と語るほどの日々であった。

「ここで挫折したら会社のみんなが餓死してしまう……」

　そう思うと，絶対に諦めるわけにはいかなかったが，自分の力ではどうすることもできなかった。

　「こんなにうまくいかないのはやはり自分に鋳物の知識が欠けているからではないか」と思った本田宗一郎は，今度は大学の先生に相談することにした。

　自分の製作したピストンリングを見てもらうと，

　「シリコンが足りませんね」

とあっさり言われた。

　「そんなものがないといけないんですか」

　本田宗一郎は知識の必要性を痛感し，校長先生に頼み込んで浜松高等工業学校（現静岡大学工学部）の聴講生にしてもらうことにした。

　講義の間，他の学生は必死にノートをとっているのだが，本田宗一郎はピストンリングのことで頭がいっぱいだったので，「あそこで失敗したのはこれだったんだ。だったらこうすればいいんだな」と考えながら話を聞いていた。

　試験の日は講義がないので，学校に行かずにピストンリングの試作に取り組んでいた。そのため試験をパスすることができず2年間で退学になってしまったが，それでも講義を聞きに行き続けた。

　そんな努力が実り，ついにピストンリングの製作に成功した。ところが量産しようとするとまた問題にぶつかった。納品しようと3万本つくったのだが，その中から50本検査してみると3本しか合格できないという有様。本田宗一郎は各地の大学や製鋼会社を訪ねて生産技術を習得し，さらに2年近くかけて量産に成功したのである。

　本田宗一郎は，大きな成功をおさめた実業家として有名であるが，自分の人生を振り返った著書の中で次のように述べている。

　「やった仕事で本当に成功したものは全体のわずか1％にすぎない。99％は失敗の連続であった。その実を結んだ1％の成功が現在の私である。その失敗の陰に，迷惑をかけた人たちのことを決して忘れない。人生というものは，最後までいかないと成功だったか失敗だったかにわかに断じがたいものである」

〈参考文献〉

本田宗一郎著『本田宗一郎　夢を力に』日本経済新聞社

〈参考ホームページ〉

本田技研工業株式会社オフィシャルサイト　URL：http://www.honda.co.jp/

（眞所　佳代）

指 導案

(1)教材名　　「すべての無駄はつながっている」

(2)内容項目　A-(4)　希望と勇気，克己と強い意志

(3)ねらい　　本田宗一郎の生涯を知り，本田宗一郎が失敗を繰り返し，つらい思いをしてもがんばったのはなぜか考えることを通して，困難や失敗を乗り越えて最後までやりとげようとする態度を育てる。

(4)展開の大要

	学習活動と発問	ねらいにせまる手立て	予想される生徒の反応
導入	1　本時のテーマを知る。 2　本田宗一郎について知る。	・「目標」についての自分の考えを確認させる。 ・写真を見せたりエピソードを提示したりしながら紹介し，教材への関心を高めさせる。	・目標を決めてもなかなか達成できない。 ・目標があるからがんばれる。必要。
展開	3　教材の範読を聞いて考える。 ○「新たに自動車部品を製造することについて，三者の思いはどのようなものであったでしょうか」 ◎「本田宗一郎が失敗を繰り返し，つらい思いをしてもがんばったのはなぜでしょうか」 4　引退した後の本田宗一郎の行動と思想を知る。	・三者（重役，本田宗一郎，反対する重役を説得した人）の思いを分類して板書し，それぞれの立場での思いを理解できるようにする。 ・最終的に，本田宗一郎の考えにみんなが賛成した理由についても深く考えさせ，周囲の本田宗一郎に対する思いを確認させる。 ・本田宗一郎自身の夢や人との関わりなど，様々な視点で考えさせる。 ・グループでの語り合いを通して，様々な考え方にふれることができるようにする。 ・本田宗一郎にある，全ての社員に対する感謝の気持ちの大きさに気づかせる。 ・本田宗一郎の思想は，自分の経験から生まれたものであることを理解させる。	・【重役】うまくいっているのに，無理をする必要はない。 ・【本田宗一郎】どうしても挑戦したい。 ・【説得した人】お世話になった本田さんのためにがんばろう。 ・自分に負けたくない。 ・夢を叶えたい。 ・自分を信じてくれた社員のため，家族のため。
終末	5　学習の振り返りをする。	・「新しい気づきや発見」「もっと考えたいこと」の二つの視点で振り返らせる。	

授業モデル

❶導入
　目標やそれをもつことに対する自分の考えを整理させる。本時の「テーマ」と本田宗一郎の写真を提示し、その生い立ちや働き始めた頃のエピソードなどを紹介する。

❷展開
　本田宗一郎が新たな製品をつくることを提案した時、反対する重役、本田宗一郎本人、反対する重役を説得した人、それぞれの思いを考えさせることで、それぞれの立場のそれぞれの思いに共感できるようにする。

　最終的には本田宗一郎に対する信頼や感謝の思いから、新たな製品づくりにとりかかることになったことに気づかせ、本田宗一郎が失敗を繰り返し、つらい思いをしてもがんばったのはなぜか考えさせることでねらいにせまる。

　ここでは、「成功のための失敗ならば無駄ではない」「夢を叶えるために努力する過程に大きな意味がある」「自分を信じてついてきてくれた人たちのため（感謝の気持ち・社会に貢献）」などの意見が期待できる。

　そして、引退した後の本田宗一郎の行動から、全ての社員を大切に思う気持ちを理解させ、「成功は99％の失敗に支えられた1％である」という本田宗一郎の思想を紹介する。

❸終末
　授業の振り返りでは、目標を達成するために努力することの大切さや、一人が目標を達成する陰に、多くの人の助けや協力があることへの気づきを期待したい。

❹板書例

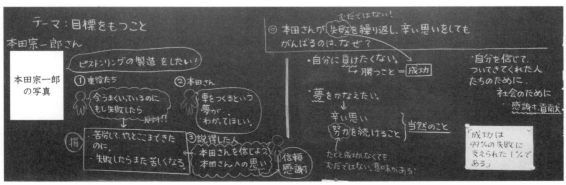

（馬場　真澄）

B 主として人との関わりに関すること
緒方洪庵

思想家について

　1810年，備中国足守（現岡山県岡山市北区）に足守藩士の三男として生まれる。大坂に適塾を開き，多くの人材を育てた蘭学者であり，当時流行した天然痘やコレラの治療に尽力した。

❶緒方洪庵の生涯

　緒方洪庵が本格的に蘭学を志したのは16歳の時で，仕事で赴任する父とともに大坂に出て，蘭学者の中天游に学んだ。
　続いて22歳の時，医学を極めるためのよりよい環境を求めて，江戸に出て蘭学者の坪井信道に学んだ。
　そして29歳の時に，大坂に適塾を開業し，医師として活動するかたわら，蘭学を教えた。適塾の教え子の中には，明治政府草創期の軍制を整えた大村益次郎や，『学問のすゝめ』などの著作や慶応義塾の創設等で知られる啓蒙学者の福沢諭吉，日本赤十字社を創設した佐野常民らがいる。
　緒方洪庵は，適塾を経営しながら，医師として海外からもたらされた医学書の翻訳を行っている。
　ドイツ人フーフェランドが医師としての経験をまとめたものを翻訳した『扶氏経験遺訓』や，コレラの流行に対処するために緊急翻訳した『虎狼痢治準』などが代表作といえる。
　その他，当時猛威をふるっていた天然痘を予防するための牛痘種痘法の普及にも尽力した。
　さらに53歳の時には，将軍家の奥医師として招聘され江戸に移り，14代将軍徳川家茂やその正室和宮，前将軍徳川家定の正室天璋院などを診察した。1863年，54歳で死去した。

❷緒方洪庵の思想

　緒方洪庵の思想を最もよく表すものとして，「道のため，人のため」という言葉がある。「道」とはもちろん医学のことであるが，医師として何が大切なのかを一言で表している。医学の発展のため，人間の命のため，努力を惜しまなかった緒方洪庵らしい言葉である。

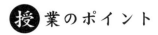

❶この思想家を通して生徒に考えさせたいこと

　近年,「キャリア教育」という言葉が学校現場でよく使われるようになってきた。キャリア教育が大切なことは誰もが認めるところであり,その必要性は年々高まってきているといえるであろう。しかし,教科指導とは別のものであるため,教材研究に追われる教師にとって負担になることも多く,安易に行われることも多いのではないだろうか。さらに,その現場では,「自分は将来何をやりたいのか」「自分はどんな仕事に就きたいのか」というように,自分を中心に考えることが一般的である。本来,働くということは基本的に他者のための行為であり,社会や環境のために必要とされることや,他の人との関わりの中で語られるべきものである。「働く」ということは,いったいどういうことなのか,改めて生徒に考えさせたい。そこには様々な要素が必要であるが,他者のためである以上,その一つに「思いやり」の心が必要なのは言うまでもない。緒方洪庵の「道のため,人のため」という思想から,「働く」ためには,あたたかい「人間愛」の精神を深め,他の人々に対し「思いやり」の心をもつことが重要であることを学び取りたい。

❷教材のポイント・考えさせたい中心場面

　「医師の世界で生活するということは,他人のためだけであって,自分のためではない。楽をしようと思わず,名誉や利益を得ることを考えず,ただ自分を捨ててでも人を救うことを求めるべきである」

　上記の言葉は,フーフェランドの本から抄訳した「扶氏医戒之略」の第一条の一部であるが,翻訳の過程で緒方洪庵の熱い思いが込められている。緒方洪庵は「道のため,人のため」という言い回しを口癖のように使用していたといわれており,教え子に宛てた手紙の終わりにもよく書き添えていたという。医学を志したのは,自分のためではなく,他人のためであると考えていた,緒方洪庵の根本思想が読み取れる。そこから緒方洪庵の思想の中心にある「人間愛」や「思いやり」の精神をつかみ取らせたい。

❸指導上の留意事項・工夫点

・「働く」ということは,「自分のため」「自分が好きなことをする」という考え方も大切であるが,そこからもう一段階進めて「他人のため」「社会のため」という考え方に高め,その中心には「人間愛」「思いやり」という感情があることに気づかせる。
・医師という職業だけでなく,どんな職業でも基本的な考え方は同じであり,そもそも全ての人間と人間との関わり合いに「人間愛」「思いやり」が必要であることに気づかせる。

道のため，人のため

　緒方洪庵の翻訳した医書の一つに『扶氏経験遺訓』がある。これは，ドイツのベルリン大学教授フーフェランドが，数十年にわたる医師としての経験をまとめた『医学必携』の第二版を，オランダ人のハーヘマンがオランダ語に翻訳したものを，さらに緒方洪庵が日本語に翻訳したものである。

　緒方洪庵が『医学必携』に出会った時，医学に関しての様々な疑問が氷解し，寝食を忘れるほど熟読し，感銘を受けたという。そこで翻訳を決意した緒方洪庵は，特に同書の巻末にある「医師の義務」という部分に，医師としての真髄を見た。そこで緒方洪庵は，その「医師の義務」の部分を12か条の『扶氏医戒之略』として，簡潔に抄訳した。「扶氏医戒之略」は，現在でも多くの医療機関に掲げられているといい，医師の心がけとして今なお通用するものになっている。

　もともとはフーフェランドの言葉であるが，翻訳の過程で難解な表現を避け，緒方洪庵の意図が盛り込まれて簡略化されていることから，緒方洪庵の考える医師としての理想像や大切な心がまえが凝縮されているといってよいであろう。

　その「扶氏医戒之略」の第一条では，「医師の世界で生活するということは，他人のためだけであって，自分のためではない。楽をしようと思わず，名誉や利益を得ることを考えず，ただ自分を捨ててでも人を救うことを求めるべきである」と説いている。「道」といえば剣道・柔道・茶道・華道などが思い浮かぶが，医学を「道」と例えているところが，緒方洪庵らしいといえる。そこに秘められているのは，何事を犠牲にしてもその道を極めるために邁進していく「求道」の精神であり，生半可な覚悟ではないことを示している。

　第二条では，「医師はただ患者を診るだけであって，その患者が貧しいとか裕福だとかは一切関係ない」と説いている。これは緒方洪庵の実践そのものであったようで，後年，教え子の一人である福沢諭吉は「先生は一切患者を差別せず，女郎でも芸者でも大名でも金持ちでも，診察のやり方にかわりはなかった」と雑誌に寄稿している。
　医師として，あるいは人間として当然の考え方ともいえるが，「平等」の観念が浸透している現代と，身分差があった当時とでは，とりまく環境が全く異なる。身分制社会であった江戸時代においても，平等に患者を診た緒方洪庵の視点は特筆すべきであろう。これも社会的弱者に対する「人間愛」や「思いやり」の精神の表れといえる。

また，第七条では，「たとえ不治の病であっても，生命の保持に全力を尽くすのが役目であり，万が一救うことができないとしても患者を慰めることが大切であり，決して治らないなどと口にしてはならないし，それを悟られるような言動をしてはならない」としている。どんな時でも患者の苦痛をやわらげ，安心を与えるのが医師の仕事の基本であることを緒方洪庵は説いている。

　続く第八条では，「患者の費用について，たとえ命を助けたとしても，医療費で生活するための資金を奪うようなことになれば結局は生きていけないから，貧しい人を診る時にはこのことを十分考えなければならない」としている。特に貧民などの社会的弱者に対する緒方洪庵の思いは強く，医師として何を優先させなければならないかを説いている。

　さて，緒方洪庵は晩年に江戸幕府の徳川将軍家の奥医師として召し出され，大坂から江戸に移住している。その時の心境について「病弱で年寄りの身にとって，住み慣れた土地を離れるのはありがた迷惑な話であるが，道のため，子孫のために討ち死にの覚悟で働く」と語っている。「道のため」「討ち死にの覚悟で」という部分が，最後まで医師として人間のために働くことを第一に考えていた緒方洪庵らしい。

　このように医師として「思いやり」あふれる生き方を貫いてきた緒方洪庵は，適塾で教えていた弟子たちにも優しかった。塾生だった福沢諭吉は後に記した自伝『福翁自伝』の中で以下のようなエピソードを紹介している。ある時，福沢諭吉は兄の死去にともない一時故郷の中津（現大分県中津市）に帰り，借金を返済したためにほとんど無一文で大坂に戻ってきた。他に頼るところもなく，緒方洪庵に正直に金がないことを打ち明けたところ，緒方洪庵は「お金がないのはよくわかった。だから俺がお前の世話をしてやりたい。しかし，他の塾生のこともあるので，お前だけを贔屓にするわけにはいかない。だから，名目上の翻訳の仕事を与えるかわりに，お前を塾に住まわせてやろう」と言って，福沢諭吉を塾に住み込ませることにしたという。

　また，塾生の中には緒方洪庵の師である坪井信道の子・信友もいたが，この坪井信友が放蕩を繰り返したため，緒方洪庵はとうとう坪井信友を塾から追放してしまった。師の子息といえども，いきすぎた行為に対しては厳罰に処したのである。坪井信友はその後，泣く泣く復学の道を訴え，緒方洪庵は過ちを改めるならと許した。おかげで坪井信友はその後学問に努め，立派に成長し，藩の医師として活躍している。優しさも厳しさも愛情であり，「思いやり」の表れである。どんな人間関係であっても「思いやり」が大切であると，緒方洪庵は教えてくれている。

（佐伯　英志）

指 導案

(1)教材名　　「道のため，人のため」
(2)内容項目　　B－(6)　思いやり，感謝
(3)ねらい　　　医師として「人のため」に生きた緒方洪庵の姿を通して，「他者のために」働いていこうとする意欲を育てる。
(4)展開の大要

	学習活動と発問	ねらいにせまる手立て	予想される生徒の反応
導入	1　人は何のために働くと思うか，考え発表する。 2　緒方洪庵について知る。	・2年生時の職場体験を思い出しながら考えさせる。 ・写真，業績などを簡単にまとめた掲示物を用意する。	・生活するため。 ・お金を稼ぐため。 ・「蘭学」は知っている。
展開	3　教材を通読する。 ○「『楽をしようと思わず，名誉や利益を得ることを考えず，ただ自分を捨ててでも人を救うことを求めるべきである』とはどういうことでしょうか」 4　ワークシートに理由を記入する。 5　賛成派・反対派の代表者4〜5人を選出し，ディベートをする。 ・司会者・記録者・計測係を決める。 【立論をする】 賛成派→反対派 【反論をする】 賛成派→反対派 【答弁をする】 反対派→賛成派 代表者・司会者・記録者は自席に戻る。 ディベートを解除する。	・教師が範読する。（全文印刷し配付するが，範読するのは第二条の前まで） ・自分の意見とは関係なく，全体の右半分を賛成派，左半分を反対派に指定する。 ・それぞれの立場に立って，理由を考えるように指示する。 ・代表者は4〜5人でよい。志願・推薦どちらでもよい。 ・教室前方，教卓を挟んで両側に椅子持参で着席させる。 ・司会者には流れを記入した用紙を渡す。記録者には黒板右側に賛成派の意見を，左側に反対派の意見を書いていくよう指示する。 ・計測係には，立論3分，反論3分，答弁4分，話し合い各2分で合図をするよう指示する。 ・賛成派→反対派の順に理由を述べる。 ・賛成派→反対派の順に立論に対する反論・質問をする。 ・反論・質問に対する答弁をする。 ・代表者には拍手を送る。	【賛成派　立論】 ・医師として当然である。 ・名誉や利益を求めると，貧乏人が救われない。 ・金儲け主義だと不要な薬や治療をすすめられる。 【反対派　立論】 ・医師も生活していかなければならない。 ・高い医療器具を購入できなくなる。 【賛成派　反論】 ・医師がみんな金儲け主義に陥ったら，どうなるのか？ 【反対派　反論】 ・医師が最新の医療機器や薬を手に入れられなくなったら，どうなるのか？ 【反対派　答弁】 ・資金を最新の医療機器や方法の取得に回す。 ・厚生労働省の監督を厳しくする。 【賛成派　答弁】 ・最低限度の診療報酬を保障する。 ・国の支援を仰ぐ。
終末	6　「働く上で大切なことは何か」について自分の考えをワークシートに記入し，発表する。	・将来の職業生活を見据えて考えるよう助言する。 ・緒方洪庵も一人の職業人と捉え，参考にさせる。 ・3〜4人を指名し，様々な考え方があることを知らせる。	・自分のためだけでなく社会のためになりたい。 ・どんな職業でも「他人のために」働くことが生きがいになる。

授業モデル

❶導入

導入では,「働くことの意義」について問う。生徒は,自らの職場体験や社会科の授業を想起しながら考えることができる。緒方洪庵については,社会科でわずかに学習するだけなので,知らない生徒も多いと思われる。そこで,彼の業績や弟子などについて簡単に紹介するとともに,肖像画を掲示することで興味・関心を高めたい。

❷展開

「楽をしようと思わず,名誉や利益を得ることを考えず,ただ自分を捨ててでも人を救うことを求めるべきである」という緒方洪庵の「扶氏医戒之略」の第一条を取り上げ,この考えについてディベートを実施する。

まず,指導者が学級全体を座席により賛成派・反対派に分ける。この時,個人の意見とは無関係に分ける。次に両派から代表者4～5人を募り,同時に司会者・記録者・計測係も選出する。立論→反論→答弁と時間を定め,意見を闘わせる。反論や答弁ではフロアの生徒にも発言する機会を設け,全員が参加できるようにする。答弁終了後,ディベートを解除する。

❸終末

終末では,「働く上で大切なことは何か」について自分の考えをワークシートに記入させる。この際,将来の職業生活を見据えて考えるよう助言したい。自分のためだけでなく社会のために尽力した緒方洪庵の生き方を捉え,「生きがい」とは「他者のために」働くことで生まれるという点を理解させたい。最後に,数名を指名し意見を発表し合う中でねらいにせまりたい。

❹板書例

（蒔田　久美子）

B　主として人との関わりに関すること

田中正造

思想家について

1841年，下野国安蘇郡小中村（現栃木県佐野市）に生まれる。足尾銅山鉱毒事件の解決に一生をささげた。

❶田中正造の生涯

田中正造は1841年，下野国安蘇郡小中村（現栃木県佐野市）の名主の家に生まれた。

1857年，17歳で名主を相続し，1870年に江刺県花輪支庁（現秋田県）の役人になった。

1880年には栃木県議会議員になったが，栃木県令・三島通庸の悪政に反対し弾圧を受け投獄される。

三島通庸が県令を解任されると，田中正造は栃木県議会議長に推挙されるが，地方議会レベルの非力さを思い知った田中正造は，1890年の第1回衆議院議員選挙に立候補し，当選する。

足尾銅山の鉱毒によって被害を受けていた住民とともに足尾銅山の操業停止運動を行ったが，政府は取り合わなかった。

田中正造は衆議院議員を辞職して天皇に鉱毒事件を直訴したが，阻止されてしまう。その後も政府の巧妙な策によって訴えはじゃまされ，田中正造は志半ばにして亡くなった。1913年，73歳だった。

❷田中正造の思想

戦いの途上で病床に伏した田中正造は見舞客に，
「諸君，正造が倒れたのはあの山や川が病んだからだ。本当に正造の病を治したいのなら，すぐに行って，あの安蘇や足利の山川を治してこい。そうすれば正造の病気はたちどころに治る」
と叫んだという。

それは，単に自然を回復せよというだけではなく，人間や自然を犠牲にしてまで利益を得ようとする悪，そしてその悪に「仕方がない」と屈してしまう弱い心に対する叫びだったのではないだろうか。

🖋授業のポイント

❶この思想家を通して生徒に考えさせたいこと

　「正義」とは何かということは，一概にはいえない。一方にとっては正義であることが，もう一方の正義と対立することが世の中にはたくさんある。しかし，明らかに私利私欲のために人を不幸に陥れる者がいるとしたら，これと戦わなくては不幸が広がるばかりである。田中正造は，人間を，自然を犠牲にして利益を上げようとする強大な悪と戦ってきた。どんなにひどい弾圧を受けても，いわれなき誹謗中傷を受けても，理解者がいなくなっても，正義を貫いた。しかし，彼の存命中にその訴えが通じることはなかった。

　「正義は必ず勝つ」というが，正しい者が報われるとは限らない。歴史のみならず，身の回りの出来事や日常のニュースを見ていて，そういう理不尽さを感じる生徒も少なくないのではないだろうか。その時に，自分も損をしないように要領よく生きていく道を選ぶのか，それでも正しいと信じる道を進むのか。

　田中正造がなぜ正義の道を貫き通したのかを考えさせたい。

❷教材のポイント・考えさせたい中心場面
〈存命中は報われなかった〉

　田中正造は，足尾銅山鉱毒事件において住民とともに戦ったことで有名であり，多くの政治家の模範とされている。

　しかし，存命中にその活動が報われることはなかった。

　政府に弾圧されただけではない。住民のために尽力してきたにもかかわらず，その住民たちも政府の懐柔策に乗ってしまい，田中正造から離れていってしまう。普通は，敵に攻撃されるだけでも苦しいのに，自分が守ろうとした人々が自分を煙たがるようになってしまったら，戦う意欲をなくしてもおかしくはないだろう。自暴自棄になり，世の中の理不尽さを呪って終わってしまうかもしれない。しかし，田中正造はそうではなかった。どんなに報われなくても，誰も味方になってくれなくても，正義を貫くことができたのはなぜだったのだろうか。

❸指導上の留意事項・工夫点

・「正しいことを貫いても無駄だ」という安易な結論にならないように気をつけたい。
・身近で理不尽に感じたことを挙げ，そのことについて考えさせてもよい。
・どんなに小さなことにでも，勇気を出して正しいことを行っている生徒はいるだろう。そうした生徒に対する配慮を一層心がけていきたい。

2章　偉人の話で創る道徳授業プラン　61

田中正造の正義

　渡良瀬川の流域にある足尾銅山は1610年に発見され、幕府の直轄地となりました。幕府はその銅を長崎から輸出したので、足尾銅山はたいへん繁栄していました。

　渡良瀬川流域は、もともと農業には適さない痩せた土地でしたが、農民たちは定期的に起こる洪水を上手に利用していました。洪水といっても、静かに増水し、水が引いた後は上流から運ばれた肥沃な土が広がって、豊作になるのでした。ところが、足尾銅山の近代的な開発の過程で森林を伐採したため、洪水の勢いははげしくなり、その後には農作物が全滅してしまうようになりました。しかも、川の水が濁ったり、カエルや魚が腹を見せて浮かび上がっていたり、種をまいても作物の芽が出なかったりするようになりました。田んぼで作業すると水につかった足の指がはれ上がったり、井戸水を飲めば下痢をしたり、人間にも影響が出てきました。

「川に何か毒でも流れているのではないか」
「足尾銅山の工場から流れてくる水が原因ではないか」
と人々は心配するようになりました。

　衆議院議員の田中正造は、このあまりの状況に、国会で「政府はすぐに銅の生産をやめさせるべきである」と演説しました。しかし、当時は「富国強兵」をスローガンとして、銅を大量に生産して輸出し、その資金で軍備を増強することが国の最大の政策でしたので、政府は「被害の原因が鉱毒によるものかどうかわからない」と言ってこれを聞き入れませんでした。

　それではと田中正造は、農科大学（現在の東京大学農学部）の先生に頼んで被害の原因を調査してもらいました。すると、「銅山から出る水には、銅・鉄分・硫酸が非常にたくさん含まれている。それが原因で動植物に被害が出る」という結果が出ました。

　田中正造はこの結果を受けてさらに強く訴えましたが、政府はまたも聞く耳をもちません。田中正造は、政府の不誠実な対応を批判したので、政府は選挙の時に選挙事務所を破壊したり、運動員を襲撃したりとひどい妨害をして田中正造を落選させようとしましたが、なんとか当選することができました。すると政府は住民たちに、「今後は鉱毒を処理する機械を導入するので被害はなくなる」と言って、わずかな補償金を支払って示談にしようとしました。住民たちは「ありがたいことだ」と言ってこの示談に応じましたが、田中正造はこれが政府の罠であることを見抜いていました。これでは根本的な解決にはならないと説いて回りましたが、農民たちは田中正造の言葉に耳を傾けなくなりました。

　このままではダメだと思った田中正造は、どうすれば政府が鉱毒問題に取り組んでくれるかを考えました。

「国会よりも威厳があり，政府が絶対に従うような存在に訴えなければ——天皇陛下しかいるまい」

　当時は大日本帝国憲法において天皇は元首として統治権を総攬する立場でしたから，日本で最も強い権力をもっていました。しかし「神聖にして侵すべからず」とも定められているように，国会議員とはいえ一般の人が直接天皇に物申すことなど考えられない時代でした。しかし田中正造は「陛下は臣民の幸福を願っておられる。政府が陛下の願いを実現しようとしないならば，私が陛下に臣民が苦しんでいることを伝えなければならぬ」と考え，死罪になることを覚悟で天皇に直訴することを決意しました。

　1901年12月10日，帝国議会の開院式から帰ってきた天皇の馬車が皇居の桜田門に近づくと，田中正造はその馬車をめがけ，直訴状を掲げて飛び出していきました。
　「お願いがございます！　お願いがございます！」
　田中正造は必死に叫びました。しかし馬車の警護にあたっていた警官がこれをすぐにさえぎり，田中正造は取り押さえられてしまいました。とっさの出来事だったため，天皇はこのことに気づかなかったそうです。

　田中正造が直訴を試みたことは世間に知れわたりましたが，世論が盛り上がることをおそれた政府は，田中正造を単に「発狂しただけだ」と言って罪に問わず釈放し，田中正造の訴えにこたえることはありませんでした。田中正造が直訴したことを知った人々によって鉱毒事件の救済運動も盛んになりかけたのですが，政府が弾圧の姿勢を見せるとすぐに収まってしまうのでした。しかも「農民運動を食い物にする詐欺師」と批判してはばからない者もいました。わずかな理解者を除き，多くの人々は田中正造から離れていきました。

　その後も田中正造は一歩も引かない決意で戦い各地を走り回りましたが，ついに病気で倒れてしまいます。田中正造は見舞いに来た人々に対し，「諸君，正造が倒れたのはあの山や川が病んだからだ。本当に正造の病を治したいのなら，すぐに行って，あの安蘇や足利の山川を治してこい。そうすれば正造の病気はたちどころに治る」と怒りを込めて叫ぶのでした。1913年9月4日，田中正造は志半ばで亡くなりました。
　足尾銅山が閉山したのは1973年のことでした。

〈参考ホームページ〉
とちぎふるさと学習　「とちぎにゆかりのある人物　田中正造」
URL：http://www.tochigi-edu.ed.jp/furusato/detail.jsp?p=6
不屈の田中正造伝　URL：http://ashikagatakauji.jp/tanaka/　　　　　　　　（眞所　佳代）

指導案

(1)教材名　　「田中正造の正義」
(2)内容項目　　Ｂ−(6)　思いやり，感謝
(3)ねらい　　　田中正造が足尾銅山鉱毒事件解決のために行ったことや生き方を支えたものを考えることを通して，献身的な愛で他者に接しようとする道徳的な実践意欲や態度を育む。
(4)展開の大要

	学習活動と発問	ねらいにせまる手立て	予想される生徒の反応
導入	1　足尾銅山や鉱毒について知る。	・足尾銅山や鉱毒についての補足の資料などを提示することで内容の理解を深める。	・鉱毒について理解できた。
展開	2　教師の範読。 3　田中正造の行為について考える。 ○「示談に応じる住民たちを見て，田中正造はどんなことを思ったのでしょうか」 ○「天皇への直訴を決断させたものとは何だったのでしょうか」 4　田中正造の生き方を考える。 ◎「鉱毒事件解決のためにささげた田中正造の人生を支えたものは何だったのでしょうか」	・範読後，簡潔に田中正造の生涯を確認する。 ・住民のために努力してきたのに，その住民が田中正造から離れていく。田中正造の苦悩をくみ取るようにする。 ・戦前の天皇は現在のような象徴としての存在ではなく，直訴は死を意味することを理解させた上で，考えさせる。 ・人は，自分の行為に対して，相当の見返りがあれば行動するかもしれない。だが，田中正造は財産や命までも投げ打って足尾銅山鉱毒事件解決に向け尽力した。まして，田中正造の理解者の少ない中での行為である。このことを押さえた上で考えさせたい。	・残念だ。 ・だまされてはだめだ。 ・さらに鉱毒事件の解決に向け努力しよう。 ・自分の信念を貫くこと。 ・住民を助けたい。 ・困っている人の味方になろう。 ・自分の決めたことは信念をもって行うこと。 ・弱者への思いやり。 ・人を愛する心をもち続け，人の役に立ちたいという思いをもっていた。
終末	5　田中正造の生き方を自分の生活の中にどのように生かしていったらよいか考える。	・田中正造の行為自体は常人には，なかなか真似できるものではないが，その精神を理解し，自分にできることから考えさせるようにしたい。	・田中正造のような生き方はできないかもしれないが，人を愛し，人のために役立ちたい。

授業モデル

❶導入

足尾銅山に関する基礎知識や鉱毒が環境や人体に及ぼす影響などを予備知識として提示したい。このことにより、内容の理解が深まると思われる。内容についての理解が浅いと、多面的・多角的に考えることはできないし、考えが表層的になり話し合いが深まらないことがある。事前にこれらについてまとめたものを配付して、時代背景も含め説明できるとよい。

❷展開

住民のことを考え努力してきたはずなのに、その住民が自分の言葉に耳を傾けなくなってしまっている現実を目の当たりにする田中正造の苦悩を感じ取らせたい。常人ならば、その時点で挫折してしまうかもしれない。しかし、田中正造はそのようなことがあっても、決してくじけなかった。それどころか、田中正造は鉱毒事件打開のために、死の覚悟をもって天皇への直訴を決行する。この行為について考える時、「死の覚悟をもって」を文字面だけで考えたり、他人事として捉えたりしていたのでは話し合いは深まらない。田中正造の立場になりきって考えさせることで、彼が自分の命より大切にしたものを考えさせたい。そして、田中正造の生き方を支えたものは何だったかを考えることによりねらいにせまりたい。

❸終末

田中正造の生き方は、誰にでもできることではないし、一般化する必要はないのかもしれない。だが、田中正造の生き方は人の心を打つものがある。政治家の中には田中正造を尊敬する人も多いという。民衆を愛し、他者のために尽くしたその精神を、自分のできる範囲のことでよいから生徒自身の生活に生かしていくよう指導することが大切である。

❹板書例

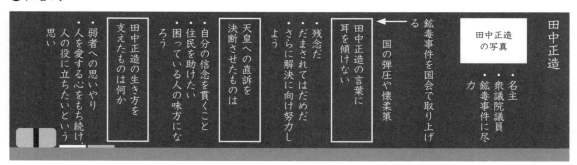

（富岡　栄）

C　主として集団や社会との関わりに関すること

渋沢栄一

思想家について

❶渋沢栄一の生涯

　1840年，現在の埼玉県深谷市の富農に生まれた。

　青年期になると尊王攘夷論に傾倒し，一時は高崎城乗っ取り計画を立てるなど過激な時期もあった。

　その後，徳川家の一門である一橋家に仕え，1867年には徳川慶喜の弟である徳川昭武に随行してパリ万国博覧会使節団に加わり，欧州各地を訪問して近代国家の諸制度や産業施設を見聞した。

　明治維新後，大蔵省の役人として税制の改革など日本の近代国家づくりにかかわった。

　その後，民間の立場から第一国立銀行の創設など，近代的金融・信用制度の成立や株式会社方式（合本主義）による近代企業の設立に貢献した。

　また，現在の一橋大学や東京経済大学，そして日本女子大学設立など高等教育の普及にも尽力した。さらに，日本で最初の公立救貧施設である養育院の院長を務めるなど社会事業にも関わり，1931年に91歳で亡くなった。

❷渋沢栄一の思想

　渋沢栄一は優れた経営手腕をもつ厳格な父をそばで見ながら，従兄弟の尾高惇忠から本格的に「論語」などを学ぶことにより，自然に道義的な経営が身につけていった。その後，渡欧した際には，利益追求のみではなく道義的な経営が事業を長続きさせるということを再確認しており，道徳と経済が一致するということを早くから確信していた。

　しかし，渋沢栄一は本格的に実業界での活動を開始した明治初期以降，一貫してその説を主張し続けていたわけではない。彼は1890年代後半頃から商業道徳の重要性を強調し始めた。日本が日清・日露戦争に勝利したこともあり，金儲け主義の風潮が強まって，若い世代においても「お金を儲けて何が悪い」といった言葉が蔓延するようになったからである。渋沢栄一は道徳と経済は一致するという「道徳経済合一説」を唱えるようになった。

授業のポイント

❶この思想家を通して生徒に考えさせたいこと

　世界的な経営学者ドラッカー（1909～2005年）は，その主著『マネジメント』で「率直に言って私は，経営の『社会的責任』について論じた歴史的人物の中で，かの偉大な明治を築いた偉大な人物の一人である渋沢栄一の右に出るものを知らない。彼は世界のだれよりも早く，経営の本質は『責任』にほかならないことを見抜いていたのである」と述べて渋沢栄一を高く評価している。本来，企業とは利潤追求だけでなく雇用や環境など社会的責任を負うべきものだという「企業の社会的責任」（CSR）の考え方が注目されているが，その考えをいち早く実践していた人物が渋沢栄一であったからである。また，渋沢栄一は各種の社会事業にも尽力したので「社会起業家」の元祖としても脚光をあびている。渋沢栄一の人物像を通じて，なぜ道徳と利潤追求の両立が可能なのかということについて，考えさせたい。

❷教材のポイント・考えさせたい中心場面

　「column　人物探訪　渋沢栄一」（「私たちの道徳」）では，当時90歳で体調を崩していた渋沢栄一が，社会事業に取り組んでいる人々の陳情を聞いて，すぐに政府関係者との面会に出かけようとして家族に反対された際，「いくら年をとっても，人間を辞職するわけにはいかん」と言ってそれを聞き入れなかったというエピソードが掲載されている。その言葉から，「人間である以上は，何らかのかたちで社会に役立つ存在でありたいという，渋沢の強くそして深い思いが伝わってきます」とある。約500以上の会社の設立にかかわり「近代日本資本主義の父」といわれた偉大な経営者・渋沢栄一は，なぜ最後まで「社会に役立つ存在でありたい」と願ったのだろうか。

❸指導上の留意事項・工夫点

　上記「column　人物探訪　渋沢栄一」の冒頭に，「富をつくるという一面には，常に社会的恩誼あるを思い，徳義上の義務として社会に尽くすことを忘れてはならぬ」と，渋沢栄一の著書『論語と算盤』の中の言葉を掲載している。渋沢栄一はアヘン戦争が始まった1840年に生まれ，満州事変が勃発した1931年に亡くなるという，91年にわたる長い人生を日本の近代化とともに歩んだので，年譜を使用しながら『論語と算盤』がどのような時代状況のもとで発刊され，その主張は具体的にどのような内容であるのかについての説明が必要である。また，渋沢史料館で渋沢栄一が生前レコードに録音した『道徳経済合一説』（渋沢栄一自身の肉声）が入ったCDを購入可能なので，授業の際に渋沢栄一の肉声を聞かせることで彼の思いを感じさせるなどの指導の工夫をはかりたい。

2章　偉人の話で創る道徳授業プラン　　67

自作教材　人間を辞職するわけにはいかん

「仁義道徳と生産殖利とは，元来ともに進むべきものであります」
　この言葉は1923年，渋沢栄一が83歳の時に赤坂区霊南坂・日本蓄音器商会で録音したレコード『道徳経済合一説』（渋沢栄一自身の肉声）の中の一部分である。道徳と経済は一致するという主張において，なぜ渋沢栄一は道徳の基盤に儒教，特に『論語』を置くべきとしたのだろうか。

　当時，渋沢栄一は，欧米には宗教，キリスト教を基盤とした倫理があるが，日本は明治維新で倫理の基盤であった儒教が壊れてしまったので，何とかしなければならないと困惑していた。そこで，渋沢栄一が幼少の頃から親しんでいた『論語』の教えをその基盤とすることを考えるようになったのである。
　その渋沢栄一の具体的な考えについて，彼の演説内容を確認しながら考えてみよう。

「仁義道徳と生産殖利（道徳と経済）は，本来はともに進むべきものです。しかし，人間は利益ばかりに夢中になって道徳を忘れがちになるので，昔の聖人はこのような人間の悪い習性に警告を与えるため，もっぱら仁義道徳を説いて利益追求を戒めることに努めました。だから，後の学者は誤解して，利と義は両立しないものであると断定し，『善い行いをすれば金持ちにならず，金持ちになれば善い行いをしていない』と主張したのです。（中略）
　私が聞いているところによれば，経済学の学問を創設した英国人のアダム・スミスは，もともとグラスゴー大学の道徳哲学担当の教授で『道徳感情論』という書物を執筆して倫理学を打ち立て，次に有名な『国富論』を執筆して近代経済学を打ち立てということだが，これはまさに仁義道徳と生産殖利は一致するということが西洋と東洋でも通じる不易の原理だと信じている」

「いくら年をとっても，人間を辞職するわけにはいかん」
　渋沢栄一が晩年，体調を崩してふせっていた時に社会事業団体の代表たちが彼に面会を求めに来た。貧困のために生活ができない人々を救済するための法律（救護法）の実施を要請するためであった。
　渋沢栄一は，すぐに車を用意させて当時の大蔵大臣に面会申し込みの電話をした。その時，妻や主治医はおどろいて行くのを止めたが，彼はよろけながら妻に対して，
「いくら年をとっても，人間を辞職するわけにはいかん」
と言い，主治医に対しては，

「先生のお世話でこんな老いぼれが普段，養生していけるのは，せめてこのような時に役に立ちたいからです。もし，これがきっかけで私が死んでも，20万人もの不幸な人たちが救われるのであれば本望じゃないですか」

と答えた。

そして彼は大臣のもとへ行き，

「一体，私たちは何のために日本の経済を今日まで大きくしたのでしょうか。このような時にこそ今，困っている多くの人々を救うためにしてきたのです。私は財界の使命が，ここにあると思います」

と述べた。

その強い口調に大臣は，

「どうにかしますから，ご安心ください」

と回答した。結局，救護法が実施されたのは渋沢栄一が亡くなった翌年であった。

1931年11月11日，渋沢栄一は91歳で生涯を閉じた。弔問客であふれていた現在の東京都北区飛鳥山にある邸宅の庭の植え込みの陰に紋つき袴の中年男がひそんでいた。

それを見て怪しんだ家の者が問いただすと，

「私は幼年の頃，孤児として養育院で育てられました。その時に院長の渋沢栄一先生から受けた恩情が忘れられず，弔問にまいりました。しかし，名乗って出るほどの者でもないので，ここで通夜をさせていただきました」

小さな町工場の経営者となったその中年男は，家の者の好意で邸宅内に案内されると，渋沢栄一の柩の前までひざまずき，心ゆくまで手を合わせたのであった。

〈参考ホームページ〉

渋沢史料館　URL：https://www.shibusawa.or.jp/museum/

（魚山　秀介）

指 導案

(1)教材名 「人間を辞職するわけにはいかん」
(2)内容項目 C－⑿ 社会参画，公共の精神
(3)ねらい 経済発展と道徳を一致させようとした渋沢栄一の生き方や功績にふれ，よりよい社会の実現に向け，自分にできることは何かを考え，実践しようとする道徳的実践意欲を育てる。
(4)展開の大要

	学習活動と発問	ねらいにせまる手立て	予想される生徒の反応
導入	1　現在実施されている企業の社会貢献事業について知る。	・生徒にとって身近なマクドナルドのメニュー表と，身近とは言い難い小児医療のためのドナルド・マクドナルド・ハウスの写真を見せ，その結びつきを知る。	・マクドナルドが病気の子どもを助けていると知っておどろいた。 ・なぜマクドナルドはこのような活動をしているんだろう？
展開	2　渋沢栄一の生涯を知る。	・歴史年表を活用し，日本が激変した時代を生きていたことを知る。 ・約500あまりの会社に関わったことなどを紹介し，経営者として実績を残した人物であることを理解する。	・これほどいろいろなことが変わった時代に，会社を経営するのはすごい。 ・相当なお金持ちになったのではないか。
	3　渋沢栄一の言葉や思いから，渋沢栄一が目指したものを考える。	・「いくら年をとっても，人間を辞職するわけにはいかん」。この言葉から「人間である以上は，何らかのかたちで社会に役立つ存在でありたい」という渋沢栄一の思いにせまり，彼が目指したものを考える手がかりとする。	・利益は人のために役立てたい。 ・努力してせっかく儲けたのだから，自分の財産にしたい。 ・儲けたいと思ったり，儲けてばかりいたりすると印象が悪いと思ったのかも。
	◎「なぜ『道徳と利潤追求は両立が可能』であると渋沢栄一は考えたのでしょうか」	・「どうしたらお金を儲けることと人の役に立つことが両立するか」を渋沢栄一の悩みという設定にし，「渋沢栄一の悩みを解決しよう！」という文言で意欲を喚起する。また，考える際にはグループ活動を取り入れ，「自分が経営者になったつもりで渋沢栄一の気持ちを考える」「渋沢栄一に具体的なアドバイスや方法を提案しよう」上記2点を提示する。 ・考えにくい場合は「義に反した利は，これをいましめておりますが，義に合した利は，これを道徳に適うものとしておる」という言葉を紹介し，意味を簡潔に伝え手がかりとさせる。	・自分のことや，自分の会社のことばかり考えているのは罪悪感につながる。 ・「寄付をする」「病院を建てる」「募金する」をすれば社会の役に立てるし，もっと利益を出そうという気持ちになるかもしれない。 ・まずは自分の会社の社員の待遇のことを考える。しかし，それだけでなく自分の会社が世の中のためになっていれば，社員は誇りをもち，会社を大切にしようとするだろう。
終末	4　自分たちにできることを考える。 ○「自分たちにもできることはあるでしょうか。また具体的にどんなことができるでしょうか」	・渋沢栄一の考え方は，現代の経済界における「企業の社会貢献」という概念の礎を築いたといえることを確認した上で，この疑問について考える。	・人の役に立つことをする。 ・赤い羽根共同募金など，社会福祉に関する機会に遭遇した際に積極的に取り組む。

授業モデル

❶導入
　生徒の身近な企業としてマクドナルドを取り上げた。生徒は普段身近に感じている企業と社会貢献がすぐには結びつかないであろうが，現代の企業の在り様と明治の経済人の結びつきの意外性をあわせ，授業への意欲を喚起する効果を期待したい。

❷展開
　渋沢栄一は儲けることを悪いと言っているわけではないことにふれ，そこから何を生み出すかが大切であるということを考えさせたい。社会の役に立つ取り組みは，社会を形成する人々が困っていることを解決しようとする取り組みでもある。そうすることで人は他者の痛みや喜びを知り，思いやるであろう。つまりこの取り組みから，金銭をもとに金銭では得難い何かを得られる。それらは人にとって何にも代え難い心の宝になる。このことから渋沢栄一の経営理念が社会を形成する礎となっていることに気づかせたい。また，「悩みを解決しよう！」という設定にすることでより主体的に考えられる。さらにこの際，「なぜそうするとよいのか？」という理由を考えることで，渋沢栄一の気持ちにせまらせたい。補助資料として田園調布など現代に続く街づくりに取り組んだことなどを伝えてもよいであろう。

❸終末
　企業を個人に置きかえる。企業にいえること（社会の役に立つことは誇りなど）は個人にもいえるのではないか。そう考えさせることで，ささいなことでも，それが社会参画への一歩となり，よりよい社会の実現の一端を担う，社会とつながることになる。行動を具体的に考えることで，主体的に考えられるようにし，実践意欲につなげたい。

❹板書例

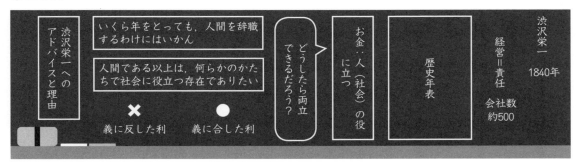

（末吉　登紀子）

C 主として集団や社会との関わりに関すること

石井筆子

思想家について

❶石井筆子の生涯

　1861年，肥前大村藩の家臣・渡辺清の長女として生まれた。19歳の時にフランスへ留学し，帰国後は農商務省官吏の小鹿島果（おがしまはたす）と結婚した。日本人離れした美貌と英語・フランス語・オランダ語に堪能な筆子は「鹿鳴館の華」と称された。その後，筆子の運命が暗転する出来事が続いた。25歳の時に長女・幸子が誕生したが知的障がいをもっていることが判明した。さらに次女・恵子が誕生直後に亡くなり，その翌年に三女・康子が生まれたが病弱であった。追い打ちをかけるように筆子が31歳の時，夫・果（はたす）が肺結核で亡くなった。その後，筆子は6歳年下であった石井亮一と結婚し，日本最初の知的障がい者のための福祉施設「滝乃川学園」の運営に尽力した。1932年，71歳の筆子は脳溢血で半身不随となり，その5年後に夫・石井亮一が死去した。筆子は学園の運営を継承したが，1944年に82歳で生涯を閉じた。

❷石井筆子の思想

　障がいをもった子どもを産んだという理由で，夫の死後に嫁ぎ先から離縁された筆子が生きていた当時の明治日本は「富国強兵」政策が遂行されており，知的障がい児は「痴愚（ちぐ）」として社会から差別されていた。

　また法令では，義務教育の対象からも除外されており，病院や家の座敷牢に隔離されるなどの差別を受けていた。

　そのような状況において筆子には，キリスト教の信仰にすがる道しかなかった。『聖書』に記載されている「いと小さき者になしたるは，すなわち我になしたるなり」（マタイ福音書）という言葉は，小さき者を支えるのは，神の道に通じる自分の使命であると考え，彼女の思想の中心となるものであった。

　また，筆子はフランス人法学者ボアソナードから「真の近代文明とは，人が人である限り，生命と人格を最大限尊重することなのです」と教えられ，障がい者も差別されることなく皆平等である人権思想という新たな考えが彼女の心の支えとなった。

授業のポイント

❶この思想家を通して生徒に考えさせたいこと

読み物教材「鳩が飛び立つ日―石井筆子―」(「私たちの道徳」)には，滝乃川学園・男子寮から火災が発生して園児6人が亡くなるという不幸が彼女を襲った際，「私には子供たちの声が聞こえる」と学園再開に向けて逆境に立ち向かう筆子の強い心情が描かれている。

それは，「公徳心と社会連帯の大切さ」の目的に沿うものであるが，筆子の苦難の人生や内面をよく理解するためには彼女が信仰したキリスト教についての知識が必要である。

上記読み物教材に，アメリカ先住民のための学校を設立した女性の父親がいつも彼女に教え聞かせていた「強い人は弱い人を助けなければなりません」という言葉が記載されているが，その言葉が筆子自身にどのような行動をさせたかについて，生徒に具体的に考えさせたい。

❷教材のポイント・考えさせたい中心場面

「鹿鳴館の華」と称された筆子だが，25歳の時に誕生した長女・幸子は知的障がいをもっていることが判明し，次女・恵子は誕生直後に亡くなり，その翌年に三女・康子が生まれたが無事に成長する見込みなしと宣告されるなどの悲劇が続いた。その上，筆子が31歳の時には夫・果が病気で亡くなった。

そのような想像を超えた不幸に襲われた時，自分が筆子の立場であったらどのような心境であろうか，またどのような方法でそれを乗り越えたらよいのであろうかなどについて考えさせたい。

また，火災によって学園の園児6人が亡くなるという不幸が筆子を襲った時，夫・石井亮一と学園の廃止を決めたが，再開を決断した。その時の筆子の思いについても考えさせたい。

❸指導上の留意事項・工夫点

明治国家が誕生し，「富国強兵」のスローガンのもとで世界の五大強国にまで登りつめたが，その後は英米と対立し，第二次世界大戦では無条件降伏するに至った日本の近代史と筆子の生涯はほぼ一致する。

そのような時代において，女子教育の普及や障がい者教育の必要性など戦後の日本では当たり前となった基本的人権の尊重を訴えた筆子の人生について，年譜を利用しながら生徒に理解させたい。

2章　偉人の話で創る道徳授業プラン　73

いばらの路でも

　筆子の実家である渡辺家の墓が東京青山墓地にある。
　その墓の横に自然石の墓が建てられており，その墓石の表には「鴿無止足處還舟」（鴿，足を止める処なく舟に還る）の文字とともに三羽の鳩が，裏面には三人の子の名が刻まれている。
　この句は『旧約聖書』の創世記「ノアの箱舟」の一節である。
　神が地上における人々の堕落した状況を怒り，洪水によって彼らを滅ぼすので「神とともに歩んだ正しい」ノアに箱舟の建設を命じた。
　ノアが箱舟を完成させて，自分の妻及び3人の息子とそれぞれの妻，動物などを乗せた後に洪水が40日間続いて地上の全ての生き物が滅んだ。
　その後，ノアは水が引いたかどうかを確認するため鳩を放したが，足を止める陸地は見あたらず舟に還ってきた。7日後にもう一度鳩を放つと，オリーブの葉をくわえて舟に還り，さらに7日経って鳩を放すと戻ってこなかったのでノアは水が引いたことを知り，家族や動物たちと箱舟から出たという。
　つまり，「鳩」は筆子の3人の娘のことを指し，「鳩が飛び立つ日」とは，鳩が足を止められる場所＝障がいをもった人も安心して暮らすことができる場所が見つかって，飛び立てる日という意味である。
　筆子は，障がいをもった人も安心して暮らすことができる場所をどのようにしてつくろうとしたのだろうか。

〈私の人生の悲哀史。わが身の終わりとまで，落胆いたしました〉
　1886年に最初の娘を授かったが知的障がい児であった。さらに次女は生まれて間もなく亡くなり，三女も発達に遅れがあることがわかった。
　そこで当時の新聞は，「鹿鳴館の華」と表していた筆子を，一転して「美人笑中に泣く」「憐れなり」と書きたてた。そして筆子が31歳の時，夫が病で亡くなり，嫁ぎ先からは「娘が障がい児では，後に婿をとれない」との理由で離縁された。

〈険しき山路も　小暗き谷間も　主の手にすがりて　安けく過ぎまし〉
　そのような状況の中，筆子が出会ったのが教育者・石井亮一であった。彼はアメリカに留学し，障がい児にも教育が必要であることを痛感したので，帰国後の1891年に日本で初めての知的障がい児のための福祉施設「滝乃川学園」を開設した。

筆子は障がい児の人格を尊重する石井亮一の姿に感銘を受け，自分の子どもをその学園に入れたことを契機に支援を行い，1903年に石井亮一と再婚した。当時，筆子は42歳，亮一は36歳であった。

〈子どもと共に学び　共に食し　もし糧なくば　共に死せん〉

　1920年，園児の火遊びで学園で火災が発生。園児6人が亡くなった。恐怖のあまり布団に隠れてしまったために，布団をかぶったまま亡くなった子もいた。

　学園の大半が焼失し，学園の閉鎖を決めたが，間もなく筆子たちのもとへ思いがけないしらせが舞い込んだ。大正デモクラシーという民主的な気運の中，女学校で教師をしていた頃の教え子や同僚教師，渋沢栄一ら財界人たちが学園救済に乗り出した。その結果，寄付金や見舞金合わせて10万円，現在の貨幣価値で約4000万円が学園に寄せられた。

　学園再建を機に，石井亮一は筆子に新たな計画を提案した。知的障がい児教育を始めて20年以上が経過し，すでに大人になった学園生が働ける農場をつくろうとのことであった。

〈いばら路を知りてささげし身にしあれば　いかで撓まん撓むべきかは〉

　2人は熟慮の末，1928年に学園を巣鴨から現在の国立市谷保へ移転し，8000坪の敷地に校舎や教会を建てた。

　しかし，1929年から深刻化し始めた昭和恐慌のため，巣鴨の土地を売って借金返済に当てようとした石井亮一の当ては外れ，約1億円の負債を抱えることになった。

　1937年，石井亮一は70歳で亡くなった。筆子は，夫であり学園の大黒柱だった石井亮一を失い，途方にくれた。

　この年は日中戦争が勃発し，学園生や職員も戦争に動員されるなど学園をめぐる状況は悪化するばかりであった。

　しかし，筆子は石井亮一の跡を継いで学園長に就任し，学園を存続させることを決定した。

　上記の言葉は自著の序文に記載された短歌である。

　「苦難の道を承知でささげた身だから，苦しいからといってどうして屈しようか。屈することなど決してない」という意味である。

　戦争のために国民生活が圧迫される中，知的障がい者に対する偏見や差別が一層厳しくなっていく状況での，筆子の学園存続に対する気概が感じられる言葉である。

〈参考ホームページ〉

石井亮一・筆子記念館　URL：http://www.takinogawagakuen.jp/commemoration/

（魚山　秀介）

指 導案

(1)教材名　「いばらの路でも」

(2)内容項目　C −(11)　公正，公平，社会正義

(3)ねらい　障がいのある子が生まれた時，石井筆子が「不幸」をどのように乗り越えたのかを考えることを通して，誰に対しても公平に接し，差別や偏見のない社会の実現に努めようとする態度を育てる。

(4)展開の大要

	学習活動と発問	ねらいにせまる手立て	予想される生徒の反応
導入	1　石井筆子の生涯について知る。	・中心的な発問につながることがらに焦点を置いて紹介する。	
展開	2　教材の範読を聞いて考える。 ○「障がいのある子どもが生まれた時の筆子の心境はどのようなものだったでしょうか」	・それまでの華やかな人生と比較しながら考えさせる。 ・子どもが生まれたことは，本当は幸せなことのはずなのに，不幸と思ってしまうのはなぜか考えさせる。 ・だめだとわかっているのに，障がい者に対し，偏見をもってしまったり差別してしまったりするのはなぜか考えさせる。	・なぜ私が。 ・夫や家族に申しわけない。 ・子どもの将来が不安。 ・これからどうなるのだろう。 ・周りの人はどう思っているのだろう。
	◎「筆子はこの『不幸』をどのように乗り越えたのでしょうか」 3　筆子の思想を知る。	・グループでの語り合いを通して，多様な考えにふれさせる。 ・障がい者に対する理解が不十分である時代背景を意識させる。 ・夫とともに福祉施設を運営した筆子の生き方を通して考えさせる。 ・「人権問題」についてもふれる。	・自分の人生として受け入れよう。 ・障がい者に対して何かしてあげたい。 ・周りに理解してもらおう。周りを理解しよう。
終末	4　教師の説話を聞く。 5　学習の振り返りをする。	・片腕に障がいがあるプロゴルファーの思いを紹介する。 ・「新しい気づきや発見」「もっと考えたいこと」の二つの視点で振り返らせる。	

授業モデル

❶導入
　筆子は恵まれた環境にあり，才能があったことや，25歳で障がいのある子を出産したことを中心に，その生涯について紹介する。

❷展開
　障がいのある子どもが生まれた時の筆子の心境について考えることを通して，筆子の苦悩に共感させる。
　また，喜ぶべき新しい命の誕生を不幸であると思ってしまうのはなぜか考えさせることで，周囲の人間の関わりが大きな影響を与えていることに気づかせる。
　障がい者に対して差別や偏見があるのは人間の弱さによるものであることも理解させたい。
　さらに，障がい者に対しての理解が不十分だった時代，筆子はこの「不幸」をどのような思いで乗り越えたのか考えさせることを通してねらいにせまる。
　そして，様々な人権問題にふれながら，「強い人は弱い人を助けなければなりません」という筆子に影響を与えた思想を紹介する。

❸終末
　片腕が義手であるプロゴルファーの講演の内容である「他人の目が気になって義手をつけた。ゴルフにおいて，周りが自分を差別なく同等と認めてくれた時，義手を外して生きていきたいと思った」など，本時の学習を深めることができるものを紹介し，本時の学習の振り返りをさせる。

❹板書例

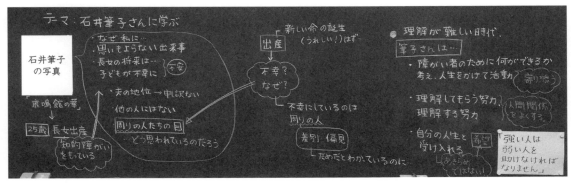

（馬場　真澄）

C　主として集団や社会との関わりに関すること

新渡戸稲造

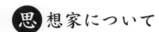

思想家について

❶新渡戸稲造の生涯

　1862年に盛岡藩の武士・新渡戸十次郎の三男として生まれる。

　1877年に農学を修めるため，札幌農学校に第2期生として入学した。

　「Boys, be ambitious」（少年よ，大志を抱け）の言葉で知られるW.S.クラークに感化されキリスト教徒となった第1期生のすすめで，生涯の親友となった同級生の内村鑑三らとともに，キリスト教に入信した。

　札幌農学校を卒業後，東京帝国大学に入学する。「太平洋の橋になりたい」という言葉は，この入学試験の面接で試験官に答えた言葉である。

　22歳で渡米し，ジョンズ・ホプキンス大学に入学。メアリー・エルキントンと出会い，後に国際結婚する。その後，ドイツにも留学し，農学や経済学を研究する。

　帰国後，札幌農学校教授となるが，過労から病気となりアメリカで療養。その間に英文で『武士道』を執筆した。

　1901年に台湾総督府の技師に任命され，糖業の振興を進め，台湾財政の独立に貢献した。その後，京都帝国大学教授，東京帝国大学教授，第一高等学校校長，東京女子大学初代学長などを歴任した。人格主義，理想主義の教育に尽くし，多くの学生に大きな影響を与えた。

　第一次世界大戦終結後，1920年に国際連盟が設立されると，事務次長に選ばれ，7年間務めて国際間のかけ橋となる。

　1929年に太平洋問題調査会の理事長となり，日米戦争を回避するために渡米し，全米で数多くの講演を行う。

　日本が国際連盟からの脱退を表明した1933年，カナダでの太平洋会議に出席した帰路，ビクトリア市で倒れ，71歳で生涯を閉じた。

❷新渡戸稲造の思想

　魂の内なる光を信じるクエーカー（キリスト友会）の信仰に強く共鳴し，その立場からキリスト教と東洋思想，日本文化との調和を目指した。

授業のポイント

❶この思想家を通して生徒に考えさせたいこと

　新渡戸稲造は，幕末に生まれ，明治，大正，昭和という激動の時代を誠実に生きた真の国際人である。その活躍の軌跡はおどろくほど多岐にわたり，多くの人々と交流し，現代にまで及ぶ大きな足跡を残した。こうした人物がいたということを，まず生徒に紹介したい。

　新渡戸稲造の生涯を理解するキーワードが「太平洋の橋」という言葉だが，それ以外にも様々な橋をかけようとしたことが指摘されている。佐藤全弘著『新渡戸稲造の精神』（教文館）では，七つの橋が挙げられている。

「東と西にかける橋」：「太平洋の橋」のこと。書物，講演，外交活動などで実践した。

「学問と日常を渡す橋」：学問の成果を一般社会に還元する多様な教育活動を行った。

「農村と都市を結ぶ橋」：農業は商工業と協力するべきだと考え，産業組合を支援した。

「男性と女性を渡す橋」：男女平等の思想に立ち，札幌では，小学校に行けない貧しい子どもたちのために学費の要らない男女共学の「遠友夜学校」をつくった。札幌農学校の生徒がボランティアで先生を務め，半世紀続いた。また，東京女子大学の学長を務め女子教育にも力を注いだ。

「古典と現代を渡す橋」：昔に生きた人の精神を今に生かすために古典を読むことをすすめた。

「理想と現実にかける橋」：現実を尊ぶと同時にそれを理想に近づける努力を生涯続けた。

「時と永遠を渡す橋」：人間と神や仏を渡す縦の橋ともいえる。縦の空気を吸い，そこで受けた光と声を横の社会に生かす，ということを新渡戸稲造はよく強調した。永遠の世界と心を通わせ，現実の世界で苦しむ人々を助けようと生涯努力した。新渡戸稲造の活動の根本にある橋。

　以上のような様々な橋をかけようと新渡戸稲造は努めた，と捉えることができる。

　「自作教材」では，「東と西にかける橋」をメインテーマにしたが，「橋をかける」，つまり，異質な対象の間を結ぶ関係をつくろうとする，という視点から現代社会を考えることを提案したい。現代社会にも，まだまだかけ橋が必要なもの，橋が壊れかかったものがたくさんあることに気づかせ，どのようなものがあるか，どんなかけ橋が可能かを考えさせたい。

❷教材のポイント・考えさせたい中心場面

　様々な国の国民間の相互不信や対立に橋を渡すために必要なものは何かを，ディスカッションや論述を通して考えさせることが授業のポイントになる。多文化理解の教育，異なる文化に直に接する留学，寛容の精神，文化交流など，いろいろと挙げられると思うが，異なる文化と歴史をもつ人々といかに心を通わせるか，ということを重視して考えさせたい。

2章　偉人の話で創る道徳授業プラン　　79

かけ橋として生きる

　新渡戸稲造という人物を知っているだろうか。なんと読むか知らないという人もいるだろう。「にとべいなぞう」と読む。1984年から5000円札の肖像画になった時も、「この人は誰？」と首をかしげる人が多かったという（2004年から肖像画は作家の樋口一葉に変わった）。
　新渡戸稲造は、『武士道』を英文で著して世界に日本の精神文化を発信し、国際連合の前身である国際連盟の事務次長を務めるなど、日本が誇る第一級の国際人であった。また、教育者としても活躍し、その影響は今日にまで及んでいる。新渡戸稲造とはどんな人物だったかを知った上で、彼の志をどう引き継ぐか、考えてほしい。

　新渡戸稲造は、札幌農学校に入学し、キリスト教に入信する。そして、抜群の英語力を身につけて卒業した後、東京帝国大学で学ぶために上京した。
　面接試験で何をしたいかと問われ、「自分は許されるならば、太平洋の橋となりたいと思います。日本の思想を西欧に紹介し、西欧の思想を日本に紹介する橋渡しの役を務めたいのです」と述べたといわれ、それが後に、新渡戸稲造を象徴する言葉となった。

　のちに、新渡戸稲造はアメリカのジョンズ・ホプキンス大学に入学し、国際人としての第一歩を踏み出した。
　滞米中に『武士道』を出版した。この本は、日本の精神文化の基礎に武士道という道徳体系があり、それが世界にも通用する高い道徳性をもつことを世界の人々に紹介する役割をはたした。武士道というと、好戦的なイメージを抱く人が多いかもしれないが、新渡戸稲造は、「武士道の究極の理想は結局平和」であるとし、「戦いの本能の下に、より神聖なる本能が潜んでいる。すなわち愛である」と記している。
　当時は未開の野蛮国と見られていた日本が、日清戦争に勝利して注目されるようになった時期でもあり、数年のうちに数か国語に翻訳され、世界的なベストセラーになった。この本は、アメリカのセオドア・ルーズベルト大統領や発明王エジソンら多くの人々に大きな感銘を与え、現在まで世界中で読まれ続けている。

　その後、新渡戸稲造は、第一高等学校校長となった。当時の第一高等学校には、優秀な生徒が集まっていたが、世間を見下し、閉鎖的な独善主義の風潮があった。それを憂えた新渡戸稲造は、「社交主義」を説き、本物の知識と人格は、広い社会の他には求めることができないと、生徒たちのおごりを戒めた。そして、人格の形成を重視する人格教育を掲げた。この新渡戸稲造の人格主義の教育は第一高等学校の生徒たちに大きな影響を与え、人格を重んじる人材を輩

出した。例えば、「人格の完成」を教育の目的に掲げる戦後の「教育基本法」の作成は、新渡戸稲造の教え子たちが中心となっている。

　また、東京女子大学の創設者および初代学長として女子教育に力を注いだり、貧しい子どもたちのために学費がいらない共学の遠友夜学校を開いたりするなど、様々な教育に取り組んだ。
　1920年の国際連盟設立に際して、国際的に知名度の高い新渡戸稲造は、国際連盟事務次長に選ばれ、7年の任期を終えるまで活躍した。国際連盟の精神の普及と、日本の地位向上のために尽くしたのである。
　当時のドラモンド事務総長が口下手だったため、ヨーロッパ各都市に国際連盟の精神を普及させるための講演のほとんどには、新渡戸稲造が講師として派遣された。聴衆に感動を与える点で並ぶ者がないと評され、職員は新渡戸稲造を「連盟の星」と称賛したという。事務次長を退任する時には、西洋の偏狭な世界に、東洋の寛容な精神をもたらした、と事務総長にたたえられた。

　しかし、その後、日本は満州進出、日中戦争突入と、しだいに国際社会から孤立し、日米間にも相互不信が渦巻くようになっていった。晩年の新渡戸稲造は、こうした事態を憂えて、老身にむち打って国内外で懸命の努力を続けた。日米戦争を回避するためにアメリカに渡り、1932年だけでも全米で100回におよぶ講演を行っている。しかし、国内では、軍部や軍国主義者の糾弾を受けて命の危険にさらされた。アメリカでも、日本の軍部の代弁者と受け取られ、講演を続けても冷たい反応しか返ってこなかった。

　1933年、新渡戸稲造は、カナダでの太平洋会議に出席した帰路、病に倒れ、ビクトリア市で愛妻メアリーに看取られながら、71歳で亡くなった。
　誤解と中傷の中で、「太平洋のかけ橋」としての使命に殉じた新渡戸稲造は、「橋は決して一人ではかけられない。何世代にも受け継がれてはじめてかけられる」と語り、後の世代に希望を託した。

〈参考文献〉
柴崎由紀著『新渡戸稲造ものがたり　真の国際人　江戸、明治、大正、昭和をかけぬける』
銀の鈴社

（井上　兼生）

指導案

(1)教材名　　「かけ橋として生きる」

(2)内容項目　　C －(18)　国際理解，国際貢献

(3)ねらい　　新渡戸稲造の生き方を考えることを通して，自国のよさに誇りをもつと同時に他の国々を尊重し，国際協調に努めようとする道徳的な実践意欲や態度を育てる。

(4)展開の大要

	学習活動と発問	ねらいにせまる手立て	予想される生徒の反応
導入	1　新渡戸稲造を知る。以前使われていた5000円札の肖像画の人物について問う。	・旧5000円札の実物を見せたり，インターネット上の肖像画を活用したりする。 ・『武士道』の著者であることや国際連盟の事務次長だったことを伝える。	・まったく知らない。 ・名前は聞いたことがある。
展開	○「面接試験で『太平洋の橋となりたいと思います』と言ったのは，どのような思いからでしょうか。また，入学後どのようなことを感じていたのでしょうか」 ○「渡米した新渡戸稲造はどのような思いから英語原文の『武士道』を書いたのでしょうか」 ◎「日本国内では命の危険があり，アメリカでは冷たい反応をあびながらも講演を続けたのはなぜでしょうか」	・諸外国を理解するだけでなく，日本のよさを伝えていくという思いもあったことを押さえたい。 ・希望を抱き入学したが，現実に直面し，自分の夢を叶えるためによき指導者を求め渡米した新渡戸稲造の意欲を感じ取らせたい。 ・日本のことを紹介したいだけでなく，日本の精神文化が世界平和につながっていることを押さえる。 ・命の危険も顧みず，また，多くの批判にも屈せず，新渡戸稲造をつき動かしたものは何だったのか，新渡戸稲造の目指したものは何だったのかを考える。	・日本と外国の思想などの相互理解や親善のために努めたいと思った。 ・日本文化を紹介したい。 ・日本の精神文化で世界平和を築きたい。 ・自分の信念を貫く。 ・国際平和のため。 ・国際協調に尽力したい。
終末	2　私たちは，新渡戸稲造から何を学び，何ができるのかを考える。	・『武士道』の一節を紹介する。	・自分たちにできることから国際貢献をしたい。

授業モデル

❶導入

　旧5000円紙幣が流通していた時代には新渡戸稲造の認知度は高かったと思われるが，現在彼の顔や名前を知る生徒はごくわずかだと思われる。そこで，旧紙幣の肖像画を活用したり，インターネットを活用して『武士道』についての記述内容を事前に配付したりして，『武士道』についての予備知識を提供しておくことが考えられる。

❷展開

　海外旅行が当たり前となっている現代とは異なり，江戸幕府の対外政策から開放されて間もない明治時代に「太平洋の橋」になりたいと表明した新渡戸稲造の意気込みを十分に感じ取らせたい。このことにより，切実感のある深い考えによる回答が期待できる。
　『武士道』を著すことにより日本のよさを伝えたり，国際間の相互理解に尽力したり，さらに，苦難にもめげず東奔西走した新渡戸稲造を支えたものは何であったのかを考えることでねらいにせまりたい。本教材では，新渡戸稲造の数々の偉業を文字面だけで理解するのではなく，実感をもって理解することが重要である。

❸終末

　生徒に「新渡戸稲造の生き方から学ぶものは」と問えば，国際理解，国際協調，国際平和に貢献していきたいなどの言葉が返ってくることが予想される。しかし，これらの内容は生徒の実生活とは縁遠く，切実感がないというのが実態であろう。そこで，「では，国際協調を私たちの生活レベルで考えていったら何ができるのだろう？」と問いかけることで，国際協調を生徒自身の問題として捉えていくことができるよう工夫することが大切である。

❹板書例

（富岡　栄）

C 主として集団や社会との関わりに関すること
岡倉天心

思想家について

❶岡倉天心の生涯

　明治時代の美術教育者，思想家である岡倉天心は東京美術学校（現在の東京藝術大学）の設立に関わり，第二代校長を務めた。退職後「日本美術院」という「院展」で有名な美術団体を創設し，日本を代表する芸術家たちを育て，日本の伝統文化や芸術の復興と発展に大きな功績を残した人物である。しかし日本画をはじめとする日本の伝統的な芸術を再興しようとしていた岡倉天心は，洋画家のグループや，当時の西洋崇拝を推し進める官僚たちと対立することになり，その結果，怪文書事件（岡倉天心の人格否定，知人の妻との不倫問題を暴露するもの）が勃発し，東京美術学校の校長を辞職，文部省からも去ることになった。その後，海を望む茨城県の五浦を創作の拠点とした。

　晩年は1年の半分をボストンで，半分を日本で過ごすという二重生活をすることになった。このアメリカ滞在中に英文で『東洋の理想』『日本の目覚め』『茶の本』を著し，日本人の考え方や日本の伝統と文化を世界に紹介していった。特に『茶の本』は出版と同時に大きな反響を呼び，直後に多くの言語で翻訳され，現在も海外で読み継がれているものである。

❷岡倉天心の思想

　岡倉天心は先進的な考えをもち英語を自由に操った。時代は欧米先進国に肩を並べるべく急速に西洋崇拝，欧化主義へと傾いていき，廃仏毀釈のように伝統と文化をないがしろにする風潮が生まれてきた。そのような時代の中で，東京大学の外国人教師フェノロサとの邂逅が日本の伝統文化への関心につながり，西洋文化との比較に基づく深い思想的理解とともに，日本の文化の復興と世界への普及・紹介へと彼を駆り立てていった。「われわれは外来思想のたびたびの流入にもかかわらず，つねに自己を失うことがなかった。……自己本来の理想に忠実であってこそ，世界の尊敬も得られるのだということを，忘れてはならない」（『日本の目覚め』）。この言葉は，自らの文化に誇りをもつことの大切さを訴えている。

　もう一つ，岡倉天心の有名な言葉がある。「アジアは一つである」（『東洋の理想』）。西洋にばかり目を向ける風潮に対して，アジアの思想的・文化的同一性を訴えかけたのである。それには仏教を生んだインド，儒教を生んだ中国への深い敬愛の念が含まれているのである。

授業のポイント

❶この思想家を通して生徒に考えさせたいこと

　加速度的に世の中が変わっていく現在，グローバル社会に否応なく直面していく生徒に対して，自分たちの足元を見つめさせることは大切なことであろう。国境を越え資本も人も移動していく状況を見ると，今の時代は明治の文明開化になぞらえて考えることができるのかもしれない。岡倉天心はその欧化主義の時代に流されることなく，主体性をもって生きぬいていった。それは時代にとり残されることではなく，語学力を駆使し，中国〜インド〜ヨーロッパ〜アメリカと，世界中を旅し，見聞を広め，晩年の約10年間は１年の半分をボストンで仕事をしながら，時代と直接関わっていったのである。ともすれば日本の文化をさげすみ西洋崇拝に傾くような時代の風潮の中で，日本の伝統と文化の深みや独自性を認識して，その復興と保護，普及と発展に身をささげた。

❷教材のポイント・考えさせたい中心場面

　今では信仰の対象であると同時に，美術品としても扱われる仏像などの仏教美術は，西洋崇拝に基づく欧化主義によって，古い過去のものとして扱われ，破壊の対象とされてしまった歴史がある。なぜそのような誤った歴史を私たち日本人はもってしまったのだろうか。そこにはどんな問題があるのだろうか。また，今の時代に共通するところはないのだろうか。

　そのような時代の風潮の中で，岡倉天心はどのような気持ちで仏像などの文化財の保護に乗り出したのだろうか。

　また，「アジアは一つである」という言葉から，私たちが何を学ぶことができるのか生徒たちに考えさせたい。日本は中国・韓国ばかりではなくアジア諸国と，経済的・文化的・歴史的に深く関わり合ってきたし，これからも関わっていかなくてはならない。ある意味上手につきあっていかなくてはならないにもかかわらず，対立や課題ばかりがクローズアップされがちである。そんな中で自らの文化と他の文化への誇りと敬意をもつ岡倉天心の思想と行動はどういう意味をもつのか，ぜひ生徒たちに考えさせたい。

❸指導上の留意事項・工夫点

　岡倉天心の文章や思想の中には，欧化主義に抗うために，西洋に対する批判的言説が散見される。このことから，いたずらに自国賛美，西洋の文化への批判にならないように注意深く扱う必要がある。ポイントは「自他に対しての敬意を忘れない」ことであろう。

2章　偉人の話で創る道徳授業プラン　85

岡倉天心の生き方

【岡倉天心の生涯】

　世界で現在も読み継がれている茶の湯（茶道）を紹介した『茶の本（THE BOOK OF TEA）』の作者・岡倉天心は明治時代に東京美術学校（現在の東京藝術大学）の設立にかかわり，校長をつとめ，多くの日本を代表する芸術家を育てた教育家であった。しかしその足跡はそれだけにとどまらず広範囲にわたっている。

　江戸時代から明治時代になると，新政府は，西洋の国々に追いつくため，また国の独立を守る必要もあって，西洋文明を積極的に取り入れ，「文明開化」を強力におし進めた。私たちが和服から洋服を着るようになったことからもわかるとおり，人々の暮らしは大きく変化していった。

　また，神社の神道を国教化する必要から，政府は「神仏分離」の政策を広め，長い間行われてきた「神仏習合」を禁じ，神道と仏教の区別を明確にするように求めていった。（現在は分かれている神道の神社と，仏教の寺院であるが，当時は両者が渾然一体となっていた）

　この「神仏分離」を唱える太政官布告をきっかけにして，全国で「廃仏毀釈」という過激な仏教排斥運動が引き起こされていった。政府の意図は必ずしも仏教を否定するものではなかったが，江戸時代の既得権益を握っていた寺や僧侶への反発，あるいは一部で堕落していた仏教の僧侶への批判から，それは，民衆の破壊活動へと広がっていくものであった。

　1880年，東京大学を卒業した若き岡倉天心は，師事した大学の外国人教師であり，日本の美術に深い関心を寄せていたフェノロサの求めに応じて，奈良を訪れ，大きな衝撃を受けた。大量の破壊された仏像の山を目の当たりにしたのである。
　その他にも，寺の建物や仏像は薪として売られ，経文は包装紙として使われるなど，文化財の損傷・破壊が各地で行われた。
　文部省に奉職した岡倉天心は，そのような文化財の調査を行い，人々がその前でそっと手を合わせる信仰の対象でもある仏像などの文化財の保護・修復のために行動を起こした。フェノロサとの出会いが日本の美術に目を向ける道を開いたのである。
　このような岡倉天心の活動の結果，1897年，古社寺保存法が成立し文化財の修復・保護などを国の責務と定めた。

校長をつとめた東京美術学校では日本画をはじめとする日本の芸術を重視していたのに対し，洋画家のグループや，文明開化以降，西洋崇拝をおし進める官僚たちと対立することになり，その結果，岡倉天心の人格を否定しおとしめるようなことが書かれた怪文書事件が起こり，その結果東京美術学校長を辞職，文部省からも去ることになった。

　この直後，岡倉天心と行動をともにして学校を辞職した横山大観，下村観山，菱田春草を引き連れて，自分たちの生活と制作の場である「日本美術院」を創設した。

　このことは結果的に，後に日本画の大家となる芸術家たちを育て，日本の芸術・文化を大きく進歩させることになるのであった。

【岡倉天心の言葉】

　「アジアは一つである」という，岡倉天心の有名な言葉がある。

　「アジアは一つである。二つの強力な文明，孔子の共同主義をもつ中国人と，ヴェーダの個人主義をもつインド人とを，ヒマラヤ山脈が分け隔てているというのも，両者それぞれの特色を強調しようがためにすぎない」（『東洋の理想』）

　また天心は次の言葉も残している。

　「われわれは外来思想のたびたびの流入にもかかわらず，つねに自己を失うことがなかった。……自己本来の理想に忠実であってこそ，世界の尊敬も得られるのだということを，忘れてはならない」（『日本の目覚め』）

　日本には古来，仏教や儒教など外来思想が入ってきたが，日本人は自分たちのそれまでの伝統をふまえ，それと融合させながら調和を図ってきた。西洋の思想，文化を受け入れてきたが，このようにつくられた伝統を忘れてはならないということである。

（本間　恒男）

指導案

(1)教材名　　「岡倉天心の生き方」
(2)内容項目　　C－(17)　我が国の伝統と文化の尊重，国を愛する態度
(3)ねらい　　　岡倉天心の生き方を通して，日本文化を尊重し守ること，そして他文化を理解する心をもつことの大切
　　　　　　　　さを感じ取らせる。
(4)展開の大要

	学習活動と発問	ねらいにせまる手立て	予想される生徒の反応
導入	1　名言の一部を空欄にしてあてはまる言葉を考える。 ○「『われわれの歴史の中にわれわれの（　　）の秘密がかくされている』のカッコに入る語句を考えましょう」	・空欄をつくることで，生徒の興味関心を高め，授業への全員参加を促すことができる。 ・「未来」という言葉を考えさせる。	・人類。 ・祖先。 ・生き方。
展開	2　岡倉天心の写真を見る。 ○「教科書を使って明治時代の文化的風潮を確認しましょう」 3　教材を読む。 ○「岡倉天心はどのような気持ちで仏像などの日本の文化財を保護しようとしたのでしょうか」 ○「岡倉天心が日本美術院を創設した理由は何でしょうか」 ○「『アジアは一つである』とは，どんな意味でしょうか」 ◎「『われわれの歴史の中にわれわれの未来の秘密がかくされている』とはどんな意味でしょうか」	・社会科の学習との関連づけをする。 ・「文明開化」や「廃仏毀釈」などの社会科用語を使って説明する。 ・ポイントを押さえながら岡倉天心の人生を概観させる。 ・日本文化だけを愛するという極私的な考えでなく，西洋文化への理解に基づく行動であることを押さえる。 ・日本の画家を育てたいという思いと日本の伝統文化を継承させたいという思いに注目させる。 ・日本とアジアの歴史的なつながりを再確認させ，これからのつながりを考えさせたい。 ・歴史から学ぶことの大切さと，歴史を通して自分たちのあるべき姿を考えさせたい。	・教科書で調べ，学習内容が定着している生徒が発表する。 ・日本の伝統や文化がすばらしいから。 ・日本人の芸術家を育てたいから。 ・日本はアジアの中の一つだから。 ・歴史は繰り返すというから。
終末	4　「私たちの道徳」206ページを読み，感想を書く。	・今日の学習で感じたことや考えたことを深めさせる。	・自分と向き合う。

授業モデル

❶導入

　岡倉天心については，ほとんどの生徒が知らないと予想されるので，まずは「私たちの道徳」の211ページの岡倉天心の言葉である「われわれの歴史の中にわれわれの未来の秘密がかくされている」を使用する。また，終末で，再度この言葉を使うことで授業がひきしまる。

❷展開

　明治文化や明治の文化的風潮がベースになっているため，歴史的分野で明治文化を学習した後（第2学年後半か第3学年）で実践した方がスムーズに進むと考えられる。しかし，明治文化や岡倉天心について詳しく説明すると社会科の授業のようになってしまう。そうならないためにも，新政府の方針による神仏分離による廃仏毀釈及び西洋文化の崇拝という風潮に絞って説明したい。また，岡倉天心については様々な視点で捉えることができるが，次の四つの視点を通して，岡倉天心の考え方や生き方にせまりたいと考える。

①日本の伝統文化の保護　　　②日本の伝統文化の継承と日本画家の育成
③日本とアジアとのつながり　　④他文化への理解

　また，生徒の関心や他教科との関連づけをさせるため，社会科はもとより美術や国語の資料などを活用してもよいだろう。また，岡倉天心のような偉人を扱う場合に注意したいことは，教材の人物が生徒の生活や今までの経験からかけ離れた存在であるため，思考が深まりにくいことである。そうならないために，岡倉天心と生徒とをつなげるような中心発問をつくった。

❸板書例

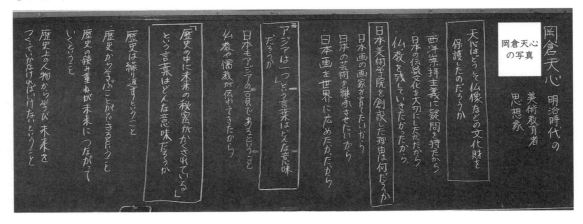

（山中　太）

C 主として集団や社会との関わりに関すること

松下幸之助

思想家について

パナソニック（旧松下電器産業）の創業者で，日本を代表する経営者である。PHP研究所，松下政経塾などを設立し，人材の育成にも努めた。『道をひらく』など著書も多数である。

❶松下幸之助の生涯

1894年，和歌山県の農村に8人兄弟の末っ子として生まれる。

代々小地主で，父は村会議員も務めたが，米相場で大損して没落。

松下幸之助は小学校4年生で奉公に出た。

15歳になった頃，大阪に電車が開通し，街に電灯がつくようになると，これからは電気の時代になると考え，電気会社に転職。メキメキと力をつけた松下幸之助は，やがて自分でいろいろな工夫を試みるようになった。

改良したソケットの特許が認められると，独立して創業。

企業が拡大する中で，企業の社会的責任について思索し，人類の幸福に貢献すべきであると訴え続けた。

PHP研究所，松下政経塾などを創設し，一企業の利益ではなく，国家や世界の繁栄に寄与する研究や人材育成に努めた。

1989年，94歳で生涯を終えた。

❷松下幸之助の思想

「欲望や感情をなくすのではなくそれにとらわれず善導することです」

欲望というと悪いことのように思われるが，松下幸之助は必ずしもそうではないと考えていた。「お金を儲けたい」という欲をもっていた人が，一生懸命努力し，人の役に立つような商品をつくって儲けたとすると，自分も他人も喜ぶことができる。反対に，不正な手段によってお金を得ようとすると，人にも迷惑をかけ，自分の身を滅ぼすことにもなる。このように，善にも悪にもなりうるものなのである。

松下幸之助は，欲望や感情をなくすのではなく，自他ともに生きることができるよう，善の方向に生かすことが大切であると考えたのである。

授業のポイント

❶この思想家を通して生徒に考えさせたいこと

内閣府の調査（右図：平成26年度国民生活に関する世論調査）によると，「働く目的は何か」を聞いたところ，「お金を得るため」が最も多く増加傾向にあり，「社会の一員として，務めを果たすため」は減少傾向にあるという。生活していくために収入を得なければならないことは言うまでもない。しかし，人間のすばらしいところは，働くことに喜びを見出すことができるということだと松下幸之助は言う。仕事は人生のかなりの部分を占めるので，そこに喜びや生きがいを感じることができるかどうかということは，人生が幸福かどうかを左右するほど大きな意味をもつのだと。松下幸之助の生き方を通し，「仕事とは何か」「働くとは何か」を考えさせたい。

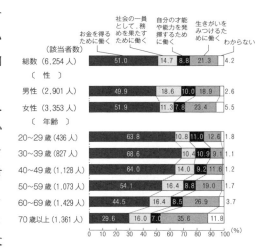

（資料：内閣府ホームページ　URL：http://survey.gov-online.go.jp/h26/h26-life/zh/z41.html）

❷教材のポイント・考えさせたい中心場面

きちんと収入が得られて，自分の好きなことや得意なことで，人に喜んでもらえる仕事があるとしたら理想的だろう。しかし，現実にはそううまくいくことは稀である。好きだけれども収入が少ないとか，つらい仕事だけれども生活のためにはこの仕事しかないということもあるだろう。しかし，どんな仕事であっても，それが仕事として成り立つのは誰かが必要としているからである。松下幸之助はいつでも自分がつくりたいものだけをつくることができたわけではなかったが，「企業の使命とは何か」を追求し，「人のため」「社会のため」という結論に至った。そして，人に必要とされ，役に立つことができれば，仕事が成り立つだけではなく喜びを感じることもできると考えた。仕事は社会に必要とされて成り立つのである。

❸指導上の留意事項・工夫点

職業だけではなく，日常生活の中の自分の仕事（役割）についてどのような意識をもっているか，仲間がしてくれている仕事に対してどう思っているかなどを振り返らせ，今後の生活にはりあいをもてるようにさせたい。

仕事は何のために

　松下幸之助は，1894年，和歌山県の農村に生まれた。家は小地主で，父は村会議員も務めていたが，米相場に手を出して没落した。
　父はあまり勉強が得意ではない松下幸之助の将来を案じていたが，松下幸之助は人当たりがよく，考えて工夫するのが得意だったので，商人が向いているだろうと考え，大阪へ奉公に出すことにした。
　「いずれ独立して商売で身を立てなさい」という父の言葉を胸に，松下幸之助はどんなにつらくても懸命に努力し，奉公にはげんだのだった。

　松下幸之助が15歳になった頃，大阪には電車が開通し，街には電灯がつくようになった。
　それを見た松下幸之助は「これからは電気の時代だ」と感じ，電気会社に転職。昼は先輩の仕事をよく観察し，夜は見たことを自分で練習したり工夫したりして人の何倍も努力したので，すぐに仕事を身につけた。
　ある時，松下幸之助はソケットを改良した。よいものができたと思い上司に報告したが，上司は認めてくれなかった。そこで特許庁に出願したところ，それが認められたという通知がきた。これを機に松下幸之助は会社を辞め，ついに独立して自分の会社を起こしたのだった。

　生産したソケットは絶対に売れると思っていたが，どんなに売り込んでも売れない日が続いた。「もうダメか……」と思った時，思わぬ注文が入った。
　扇風機をつくっている会社が碍盤をつくってほしいというのである。それはソケットの部品と同じように煉物を使ってつくるものだった。
　松下幸之助は不休で製作し，会社はもち直すことができたのだった。
　松下幸之助はこのことを通し，
　「自分のひとりよがりの発明ではいけない。世の中の人がほしいと思っているものに合わせた発明でなくてはならない」
と考えるようになった。
　そして，ソケットをさらに工夫して二つ同時に電気を使えるようにした二股ソケット，自転車につけるランプなどを開発し，順調に売り上げを伸ばした。また，電気アイロン，電気ストーブ，電気コタツと次々に商品を生み出し，会社は急速に拡大したのだった。

　松下幸之助は，のちに仕事というものについて，次のように語っている。
　「どういう仕事についても共通していえるのは，本来は社会がそれを必要としているからこ

そ成り立つものだということです。

　見方によっては，自分がやっているのではなく，社会にやらせてもらっているのだということもできると思います。

　そう考えると，自分のこの仕事は世間が必要としているのだ，人々の生活になくてはならないのだ，だからこの仕事に誠実に取り組んでいくことが人々の生活に役立ち，社会にとってプラスになるのだ。

　仕事は決して自分自身のためだけではなく，単に給料を得る手段でもない，もっと非常に尊いものだという認識が得られると思うのです」

　松下幸之助は，企業が拡大すると社会に与える影響も大きくなると考え，「企業とは何のためにあるべきか」を思索するようになった。

　第二次世界大戦が始まると，松下電器の製品はぜいたく品として生産を禁止された。一方で軍需品を生産せよとの命令があり，松下幸之助は個人で莫大な借金をして船や飛行機を製造しなければならなくなった。軍需品をつくるということは，借金をするということ以上に松下幸之助を悩ませるものだった。

　やがて日本は敗戦。軍は代金を支払えなくなったため，松下幸之助には借金だけが残った。

　だが，従業員たちのことを考えると，いつまでも呆然としているわけにはいかなかった。街を見渡すと，人々は敗戦にもかかわらず力強く生きようとしていた。

　「よし，この人々のために必要なものをつくろう」

　これからは世界を相手にしなければならなくなると悟った松下幸之助は，さっそく欧米を視察した。

　そして，海外から技術を導入していかなければ遅れると考え，優秀なメーカーと提携し，テレビや電気冷蔵庫，電子レンジなど，人々の役に立つものを次々に開発していった。

　松下幸之助は優れた経営者として国内外から表彰を受けたり，著名な雑誌に取り上げられたりするようになった。

　会社がどんどん大きくなり，世界中で有名になっても，松下幸之助は「企業は何のためにあるのか」ということを生涯忘れることはなかったのだった。

〈参考文献〉

松下幸之助著『人生談義』PHP 研究所

大久光著『志伝松下幸之助』文春文庫

豊沢豊雄著『松下幸之助の生い立ちに学ぶ』日本教育新聞社

（眞所　佳代）

指 導案

(1)教材名　　「仕事は何のために」
(2)内容項目　　C −⒀　勤労
(3)ねらい　　　松下幸之助が生涯を通して目指したものにふれ，働くとはどういうことか，人は何のために働くのかを
　　　　　　　　考える。
(4)展開の大要

	学習活動と発問	ねらいにせまる手立て	予想される生徒の反応
導入	1　本時のテーマを知る。 ○「働くってどういうことでしょう？」		・お金！ ・疲れる！
展開	2　働く目的ランキングを考える。 ○「自分は何のために働くのか，考えてみましょう」	・自分は何のために働くのか，将来をイメージし，考えさせる。 ・グループ内で出された意見を短冊に書き出し，黒板に貼らせる。 ・短冊を参考にし，ランキングを考える。 （ダイヤモンドランキングの形容を示し，迷ってもよいことを伝える）	・まだわからない ・給料　・権力　・出世 ・人のつながり ・生きがい（希望） ・家族　・信頼　・技術 ・やりがい　・家庭
	3　数式を考える。 ○「 働く ＋ □ ＝ 喜び の空欄に，自分だったら何を入れますか」	・ 働く ＋ □ ＝ 喜び の数式を示し，自分だったら □ に何を入れるか考えさせる。 ・パナソニックで販売されている家電を紹介。（ドライヤーを実際に使わせる。人気俳優が起用されている冷蔵庫のポスターを見せる） ・パナソニックの創始者・松下幸之助と，彼の開発に関する理念を紹介する。（教材と掲示物） 「ひとりよがりの発明ではいけない」 「世の中の人がほしいと思っているもの」 ←「人のため」という視点を大切にしていることに気づかせたい。 ・松下幸之助の理念をもとに数式を完成させる。 働く ＋ 人の役に立つ ＝ 喜び	〈短冊をあてはめてみる〉 ・お金がもらえればうれしい。 ・人に尊敬されたらうれしい。 ・すごい人だ。 ・どうしてそんなことを思いついたのか？ ・なるほど。 ・そういうことが喜びなのか。
	4　松下幸之助が大切にしたことを知り，働くことについてもう一度考える。 ◎「松下幸之助にとって，なぜ人のために役立つことが喜びなのでしょうか」	・このような考え方の松下幸之助の生き方，働き方を自分はどう思うかを考えさせたい。考えにくい生徒には，係活動などを通して「ありがとう」と感謝された時の体験などを想起させ，考えさせる。	・人に感謝されるからうれしい。 ・やりがいを感じるから。 ・頼られるとうれしい。
終末	5　今日の授業で感じたことや考えたことをまとめる。	・この授業で感じたこと，自分はどんなふうに働きたいかについて書かせる。	・こういうのもよい。 ・人の役に立ちながら家族を支えたい。

94

授業モデル

❶導入
　導入では，「働くことについて考えよう」と，何を考える時間なのかを明確に伝える。また，現在ほとんどの中学校では，1～2年生で職場体験学習に取り組む。そのため本時は1年生から実施可能と設定した。

❷展開
　働くことの意義を考え，言葉にして表現する活動に抵抗を示す生徒も予想される。しかし，この後に紹介される松下幸之助の理念と自身を比較したり重ねたりする，つまり主題にせまる上で大切な段階である。そこでグループ内で考えを交流し，短冊にしたりランキングにしたりすることで，考えやすい環境を整備する。また，ドライヤーやポスターなど実物を提示しながら紹介することで，身近な生活の中に松下幸之助の功績が生きていることを実感させる。さらに数式を活用するのは，「働く」と 　　　　　 の中に入る内容が一緒になって初めて「喜び」につながること，すなわち，ただ漫然と何も考えずに働くだけでは人は喜びを得られないということを感じさせるためである。これは主題に深く関わることであるので，丁寧に扱いたい。また，数式の完成によって，「人の役に立つ」要素が「喜び」につながる「働き方」，ひいては「生き方」になることを視覚的にも捉えやすくするためでもあり，さらに主体的に取り組めるようにすると同時に，多様な考えを導き出せる手助けともしたい。

❸終末
　松下幸之助の生き方を肯定的に受けとめる生徒は多いと予想される。しかし，単純にそれをよしとするのではなく，「自分は本当に自己の希望により，人の役に立つことを喜びとできるか」自問することで，松下幸之助の理念の尊さや，生き方に思いをはせさせたい。また，「働くこと」についての考えを深める場としたい。

❹板書例

（末吉　登紀子）

C 主として集団や社会との関わりに関すること

緒方貞子

思想家について

❶緒方貞子の生涯

1927年，東京に生まれる。父は外交官で，曾祖父は犬養毅元首相である。

聖心女子大学を卒業後，アメリカのジョージタウン大学で修士号，カルフォルニア大学で博士号を取得する。

1976年から3年間，国連日本政府代表部公使を務め，その後特命全権公使を務めた。

上智大学教授を経て，1991年から第8代国連難民高等弁務官として難民支援活動に取り組んだ。

1993年，難民問題への長年の取り組みが評価されイタリアの金の鳩平和賞を受賞。

2001年，人間の安全保障委員会の共同議長に就任。

2002年，アフガニスタン復興支援国際会議の共同議長に就任。

2003年には文化勲章も受章した。

❷緒方貞子の思想

難民とは，難民の地位に関する条約によれば「人種，宗教，国籍，政治的意見やまたは特定の社会集団に属するなどの理由で，自国にいると迫害を受けるかあるいは迫害を受けるおそれがあるために他国に逃れた人々」と定義されている。特に武力紛争などにより住み慣れた家を追われ，国境を越えて他国に庇護を求める人々である。このような難民の保護と支援を行う国連機関が国連難民高等弁務官事務所（UNHCR）である。

1991年に，フセイン政権下で迫害されていた少数民族のクルド人がイラク政府と対立したが，イラク軍の反撃により敗退し，180万人ものクルド難民が発生した。その中でトルコ政府に受け入れを拒否された40万人が荒涼たる山岳地帯に取り残された。クルド人は国内にとどまっていたが，緒方貞子は勇断を下し援助した。

1992年には，旧ユーゴスラビア連邦で民族対立が激化した。ボスニア・ヘルツェゴビナで独立を求めるムスリム人と，反対するセルビア人との間で対立が深まり殺戮が行われた。首都サラエボでは40万人の市民が包囲された。この時に緒方貞子は，自らも防弾チョッキを着て，厳戒態勢のサラエボで自分の眼で市民の姿や援助の状況を見た。

授業のポイント

❶この思想家を通して生徒に考えさせたいこと

　第二次世界大戦後，日本は戦禍をこうむることなく平和国家が続いている。しかし，世界に目を向ければ，緊張関係にあった東西の冷戦があり，終結後は各地で武力紛争が激化するようになり，善良な市民が紛争に巻き込まれ，家屋を焼かれたり死亡したりする。そして，国境を越えて他国へ逃げる人々が「難民」である。日本では，難民の認定が厳しく，多くは受け入れていない。生徒にとって，難民は身近な存在とはいえない。

　グローバルな社会における人材の育成が声高に叫ばれている。海外において集団の中でリーダーシップを発揮し，困難な状況においても人道支援を決断した緒方貞子の根底にある，自国だけではなく世界の平和の実現に向けた原則が何であるのかを考えさせる。

❷教材のポイント・考えさせたい中心場面

　本教材は，C−⒅国際理解，国際貢献「世界の中の日本人としての自覚をもち，他国を尊重し，国際的視野に立って，世界の平和と人類の発展に寄与すること」に該当する。

　緒方貞子が国連難民高等弁務官として，イラク国内にとどまっているクルド人の救済に向けて，規定に則りつつも，勇気と信念をもって，どのような決断をしたのか。また，それは，どのような信念に基づくものなのかを考えさせたい。

　平和な国家である日本で生活していれば，空爆や銃声におびえることもなく平穏に生活できる。難民となった人々は，ごく普通の日常生活が一瞬にして崩壊し，場合によっては家族とも離れ離れとなり，避難せざるをえない状況となったのである。

　特に，社会的な弱者は容赦なく厳しい状況に置かれる。難民となった子どもたちはどのような生活をしているのだろうか。他人事ではなく，自らの課題として捉えるようにする。そして，一人ひとりが自国だけではなく，世界の平和と人類の発展に寄与するには，どのように考えていくべきかを議論する。

❸指導上の留意事項・工夫点

　教材を理解するためには，「東西冷戦」「湾岸戦争」「クルド人」など，社会科の公民的分野を中心とした基礎的な知識の確認が必要である。イラクの地図などを活用し，理解を深める工夫も必要である。

　また，「難民」とはどのような人々のことなのか，あるいは難民キャンプなどの状況を説明することも重要である。難民の人々の生活が理解できる映像資料の活用が望まれる。

2章　偉人の話で創る道徳授業プラン　97

世界はつながっているのだから

　現代はグローバルな時代であり，ボーダーレス社会ともいわれる。ボーダーレス社会とは国境なき社会という意味である。また，地球市民という言葉もある。日本は島国であるため，国内に陸続きの国境線はない。しかしながら，世界地図を見ると，国境には赤い線が引かれている。

　現実には，そこに赤い線が引かれているわけではない。第二次世界大戦が終わっても世界各地で武力紛争が起こり，恒久の平和の実現にはほど遠い状況となっている。そして武力紛争によって，罪なき市民が紛争に巻き込まれ，家屋が焼失したり死亡したりする。自らの生命を守るために，やむなく家族とともに住み慣れた家を離れ，国境を越えて他国に保護を求める人びとが生まれる。これらの人びとのことを「難民」というのである。

　緒方貞子は，父親が外交官だった影響もあり，大学卒業後に国連とかかわるようになった。そして1991年に，緒方貞子は国連難民高等弁務官に就任した。ソビエト連邦とアメリカの対立である東西の冷戦が終わり，ソビエト連邦が崩壊した頃のことである。

　当時は，冷戦が終結したのだから，平和な世の中になり，難民の問題も解決するだろうと思われていた。ところが，冷戦で今まで封じ込められていた各国内における民族的，宗教的，社会的な紛争が起こったのである。
　1950年にジュネーブに開設された国連難民高等弁務官事務所（UNHCR）は，もともとは戦争で避難を余儀なくされたヨーロッパの人々を援助するために，3年間で難民救済を完了し解散するという楽観的な見通しの下，国連総会によって設立されたものである。

　1991年の湾岸戦争の収束後に，イラクで4日間で180万人ものクルド人がイランやトルコの国境地域に逃げだした。イラク政権に対して蜂起したクルド人が，いまだ軍事力の残っていたイラク軍から逆に迫害を受けて，いっせいに国境に押し寄せたのである。

　そのうち140万人がイランの国境を越えたが，トルコとの国境地帯に40万人が向かった。トルコは，国内のクルド人武装勢力に悩まされていたため，国内の治安を理由にイラクからのクルド人の受け入れを拒否し，国境を閉ざしたのであった。

難民とは，難民の地位に関する条約では「自国にいると迫害を受けるかあるいは迫害を受けるおそれがあるために他国に逃れた人々」と定義される。したがって，イラク領内にいるクルド人は，難民とは認定されないことになる。

　では，国連難民高等弁務官事務所（UNHCR）は，クルド人を助けることはできないのだろうか。国境から逃げたのではなく国内にいるクルド人を，多国籍軍の軍事介入の支援を受けてまで救うことができるのであろうか。

　緒方貞子は，イラク国内のクルド人を救うために奔走し，苦悩した。これ以上の時間的な余裕もない。そこで，大きな決断をくだしたのであった。クルド人の救済を行ったのである。

　多国籍軍の支援を受けて「安全地帯」をつくり，そこに難民キャンプを設営しクルド人の救済を行った。

　この決断に対しては，当然ながら条約の規定に則っていないという批判があった。しかし，誰のための何のための規定なのだろうか。規定を守れば，クルド人を救うことができないのである。そこで，行動規範を変えてクルド人を救う道を勇気と信念をもって選んだのである。

　それは国内難民を「生き延びさせる」という強い原則に基づくものであった。このように10年にわたり，国連難民高等弁務官として奔走し，難民の救済のために全力を尽くしたのであった。

　緒方貞子は「文化，宗教，信念が異なろうと大切なのは苦しむ人の命を救うこと。自分の国だけの平和はありえない，世界はつながっているのだから」と言った。

　この言葉は，宮沢賢治が理想とした社会の理念である「世界がぜんたい幸福にならないうちは個人の幸福はありえない」を想起させる言葉である。

　難民となった人々の過酷な状況を知るだけではなく，難民問題を解決するためには，その背景を知ることが重要である。

〈参考文献〉
緒方貞子著『私の仕事』草思社

（小泉　博明）

指 導案

(1)教材名　「世界はつながっているのだから」
(2)内容項目　C－⒅　国際理解，国際貢献
(3)ねらい　　緒方貞子の行動を通して，国際的視野に立って世界の平和と人類の発展に寄与していこうとする意欲を育てる。
(4)展開の大要

	学習活動と発問	ねらいにせまる手立て	予想される生徒の反応
導入	1　「難民」「緒方貞子」「国連難民高等弁務官」について知る。	・難民の定義をまとめ提示する。 ・写真，業績などを簡単にまとめた掲示物を用意する。 ・活動については軽くふれる。	・自分の国にいられなくなった人。 ・聞いたことがない。 ・「国連」は知っている。
展開	2　教材を通読し，クルド人について知る。 3　緒方貞子，クルド人，国連難民高等弁務官事務所の他の職員の三者の役割演技を班ごとに実施する。代表者3人が演じる。 ○『世界全体が幸福にならないうちは個人の幸福はありえない』という言葉にはどんな考え方が表れているでしょうか」 ○『世界全体の幸福』とは，具体的にどんな状態だと思いますか」 ○『個人の幸福』とは，具体的にどんな状態だと思いますか」	・教師が範読する。 ・複雑な政治的状況には深入りせず，自国内で孤立した点に着目させる。 ・「難民」とは，国外に逃げ出した人びとをさし，国内にとどまるクルド人は「難民」に当たらないので，支援の方法がなかった点を追加説明する。 ・イラク政府，多国籍軍，国連警備員と交渉し，難民キャンプを設置し，支援物資を届けた事実をつけ加える。 ・基本的なセリフを書いたワークシートを用意し，想像しやすいようにする。 ・演じた後に必ず気持ちを聞く。 ・「世界全体の幸福」と「個人の幸福」を比較し，果たして同感できるか，考えさせる。 ・班長に班の中で出た意見を紹介させる。無理にまとめる必要はないとアドバイスする。	・そんな人たちがいたんだ。 ・「難民」という言葉は知っていたが，こういう定義があるとは知らなかった。 ・規則をやぶってまでクルド人を救済しようというのはすごい行動力だ。 ・普通なら「規則だから」と行動しない。 ・自分とは関係ないクルド人のために，ここまでやるのか。 ・人類は皆平等だ。 ・規則はもともとその時の状況で考えられたものなので，命を救うためには臨機応変に変えてもよい。 ・規則を変えることを先にすべきなのではないか。 ・「世界全体の幸福」まで個人が考える必要はない。
終末	4　「世界全体の幸福」に貢献するために自分ができることを考え，ワークシートに記入し，発表する。	・まず，身近でできることを考えさせる。 ・緒方貞子はイタリアの金の鳩平和賞，日本の文化勲章を受賞したことをつけ加える。 ・3〜4人を指名し，様々な考え方があることを知らせたい。	・まず自分が幸福になるべきではないか。 ・ユニセフに募金をする。 ・日本国内でも様々な被害にあっている人たちがいるので，ボランティアをする。

授業モデル

❶導入

導入では，緒方貞子や国連難民高等弁務官の活動について簡単に紹介する。その際，本人の写真を掲示し興味・関心を高めたい。国連については中学校3年生の社会科で学習するが，難民や国連難民高等弁務官については未知の部分が多いと思うので，説明は必須である。生徒の中に緒方貞子について知っている者がいれば，授業をよりスムーズに展開できる。

❷展開

生命の危機に瀕するクルド人と従来の難民条約の狭間で決断を下した緒方貞子の強い意志は「自分の国だけの平和はありえない，世界はつながっているのだから」という言葉によく表れている。そこで，緒方貞子・クルド人・国連難民高等弁務官事務所の他の職員の三つをピックアップし，単純化された対立構造を設定し，役割演技をする中で緒方貞子の置かれた立場や心情を想像しねらいにせまりたい。さらに「世界全体の幸福」と「個人の幸福」とはどんな状態なのかを考えさせることで，より具体的に緒方貞子の思想にせまることができる。

❸終末

終末では，「世界全体の幸福」に貢献するために自分ができることを問う。個人の，しかも中学生のできることは限られるが，それでも個人の小さな行動が世界につながっていることを認識させることができれば，国際理解への大きな一歩となるはずである。最後に，各人の考えを発表し合うことでシェアリングをする。これにより，さらに思考が深まることが期待される。

❹板書例

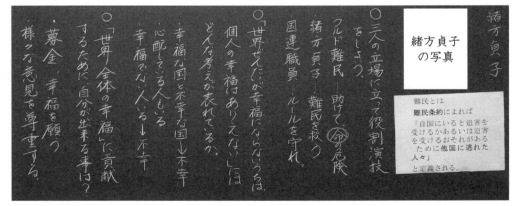

（蒔田　久美子）

D　主として生命や自然，崇高なものとの関わりに関すること

貝原益軒

思想家について

　貝原益軒が生きた時代は江戸元禄期であり，社会が安定し，医療や薬が大衆化し，人びとが自分や家族の健康や老いや死について考えるようになった時代であった。なお，貝原益軒は朱子学の系譜としては，藤原惺窩―松永尺五（せきご）―木下順庵に連なる京学の系列に属している。

❶貝原益軒の生涯

　貝原益軒は，1630年に筑前（現福岡県）に生まれた。幼い頃から読書が好きで，小説などを好んで読み，あまり友人とは遊ばなかったという。
　『塵劫記（じんこうき）』という算術書も全て解いてしまうほど頭脳明晰な子どもだった。19歳で藩に出仕したが，20歳の時に藩主の機嫌を損ね以後7年間不遇な浪人生活を送った。この間，長崎で医学を学び，江戸に出て医者となる。
　27歳でその学識が認められ福岡藩（現福岡県）に再出仕し藩士となる。その後，京都に遊学し，朱子学を学んだ。39歳の時に初（17歳）と結婚し，仲むつまじい結婚生活を送った。
　益軒という名は78歳の時からのもので，それまでは損軒という名だった。
　貝原益軒の業績としては83歳の時に著した『養生訓』が最も有名だが，79歳の時に完成した16巻からなる『大和本草』は，日本の本草学に偉大な貢献をしたといわれている。
　貝原益軒の著書は朱子学だけでなく，数学・医学・地理・歴史・本草学などの分野においても優れた業績を残し，84歳で永眠した。

❷貝原益軒の思想

　貝原益軒は朱子学者であったので，その思想は朱子学である。しかし，晩年には『大疑録』を著し，朱子学に対する疑問を体系化して論じている。貝原益軒は朱子の理気二元論に対し，理気一体論の立場をとり，さらに万物一体論を主張した。主著『養生訓』では，こうした朱子学における気の理論と本草学の医学的知見に基づく養生の心得が説かれている。

授業のポイント

❶この思想家を通して生徒に考えさせたいこと

　江戸時代は現代とは違って老人が畏敬される時代だった。現代社会は，速さと効率が追求される社会であり，長時間働いたり，膨大なデータを的確に処理したりしていく能力が求められる競争社会である。しかし，現代と違ってパソコンも自動車も原子力発電もない江戸時代は，人びとの生活は自然のリズムにしたがって営まれ，人びとはゆったりとした時間の中で一生を送った。そのため，年齢を重ねるほど人生経験は深まり，知識や知恵も豊かになっていった。

　職人の世界においても，商人の世界においても，芸能の世界においても，年を重ねるほど円熟し，老人は一目置かれて大切に扱われた。つまり，江戸時代は，人生の後半の方が豊かで幸福であった時代だったのである。

　貝原益軒は『養生訓』で，自分の心身の状態に心を配り養生することによって，幸福な老年期まで健やかに生き長らえる知恵を説いた。同時にそれは生き方の指針となる書でもあった。だからこそ『養生訓』はベストセラーとなったのである。

❷教材のポイント・考えさせたい中心場面

　貝原益軒は，養生のための心得として，「朝夕に副食は一品にするのがよい」「大根は菜の中でいちばん上等である。いつも食べるのがよい」「怒ったあと食事をしてはいけない。食後に怒ってはいけない」（第四巻「飲食」下）など，具体的にわかりやすく説いている。しかし，こうした養生の大前提として，貝原益軒は「心を静かにすること」と「心を楽しませること」が何より重要だとしてからだの養生よりも心の養生を優先している。なぜなら，心とからだは密接に結びついており，深い悲しみや憂い，はげしい怒りなどは，からだに大きなダメージを与え抵抗力や免疫力を低下させるからである。

　心が平静であることの大切さを，貝原益軒は第一巻で述べている。生きていく途上では悲しいことやつらいことに必ず出会うが，欲望や怒りは自分でコントロールできるものである。また，考えすぎたり悩みすぎたりしないようにすることはできる。現代でもメンタルヘルスという言葉が普及してきているが，心を静かに安らかに保つとともに，できるだけ自分の心を楽しませてあげることが，からだの養生のために必要なのだと貝原益軒は説いているのである。

❸指導上の留意事項・工夫点

　貝原益軒のいう「心を楽しませること」とは，自然を楽しむこと（＝自然を見て感動すること），読書を楽しむこと，旅を楽しむこと，人とともに楽しむことなどである。（『楽訓』より）

（村野　光則）

2章　偉人の話で創る道徳授業プラン　　103

自作教材 **自分のからだは自分だけのもの？**

【資料A】
　「自分のからだは自分だけのものなのか」という問題について，貝原益軒先生は次のようにいいました。

　「自分のからだは自分だけのものではありません。なぜなら，自分のからだは自分でつくったものではないからです。自分で自分のからだをつくったというのなら，たしかにそれは自分だけのものでしょう。でもそうではないですね。では，自分のからだは誰がつくったのでしょうか。

　そう，そのとおり，自分のお父さんとお母さんです。自分のからだはお父さんとお母さんによって生み出されたものですね。だから，自分だけのものではないのです。それだけではありません。私たちが今ここに生きていられるのは何のおかげでしょう。

　たくさんの動物や植物の命のおかげですよね。私たちは毎日たくさんの命を食べて生きているのです。動物や植物だけではありません。水や太陽の光も生きていくためには必要です。もちろん大気もです。

　つまり，私たちのからだは，自然のたくさんの命や水や太陽の光によって支えられて今この瞬間ここに生きているのです。決して自分一人の力で生きているのではないのです。だからこそ，自分のからだは自分だけのものではありません。自分だけのものではないから，自分のからだは大切にしなければならないのです。

　食べすぎておなかをこわしたり，夜ふかしして体調を崩したり，からだに負担をかけるようなことをしてはいけないのです。自分で自分の寿命を縮めるようなことをしてはいけないのです。そうしたことは命を授けてくれた親に対する不孝であり，私たちの命を支えてくれているたくさんの動植物の命や自然のめぐみを無にするような愚かな行為だからです」

【資料B】
　貝原益軒先生の文章を読んで，Aさんは次のように反論しました。
　「いいえ，自分のからだは自分だけのものです。もし，自分のからだが自分だけのものではないということになると，奴隷制度や人身売買も許されてしまいます。しかし，人間を奴隷にしたり売買したりすることなど絶対に許されません。

　また，女性の望まない妊娠や中絶の問題もありますが，子どもを産む産まないは本人が決めるべきことで，女性自身の問題です。ですから，『自分のからだは自分だけのものである』という考え方はとても重要なのです。

そもそも人間はみな自由なのです。他人に干渉(かんしょう)されるいわれはないのです。自分のからだを改造することも自由です。髪の毛を長くのばすのも短くするのも自由です。ピアスの穴をあけたり，整形手術を受けて鼻を高くしたり，二重まぶたにすることも自由です。自分のからだは自分だけのものだから，他人に迷惑をかけないかぎり，自分の自由にしてよいのです。

おいしいものを食べすぎておなかをこわしてもかまいません。夜ふかしして体調を崩してもかまいません。それはその人の自由であり，自己責任なのです」

【資料C】貝原益軒流人生の楽しみ方

貝原益軒は，『楽訓』という著書の中で，人生をいかに楽しむかについて論じています。この中で，貝原益軒は人生の楽しみとして次のように述べています。

〈自然を楽しむこと〉

自然を楽しむとは，自然の景色の美しさを味わうことです。登山や海水浴やキャンプをするといった体力や若さが必要な楽しみ方ではなく，朝夕の雲のたなびく様子，雪景色，川の流れ，風のそよぎ，鳥獣虫魚の生きるさまなどを愛でることです。「天地万物の光景の美に感動すれば，その楽しみは無限である」とも述べています。こうした自然の楽しみ方ならば，からだが弱くても障がいがあっても高齢になってもできると貝原益軒は述べています。

〈人とともに楽しむこと〉

貝原益軒は一人で自然を楽しむのではなく，他の人とともに楽しむことが真の楽しみであると述べています。

〈旅を楽しむこと〉

貝原益軒によれば，旅行をすることは，その時に楽しいだけではなく，その後何年かしてからも，その旅行の時のことを思い出すことで，美しい景色や感動がよみがえり，何度も楽しむことができると述べています。

〈読書を楽しむこと〉

活字離れがすすむ現代ですが，幼い頃から1353部の書物を読破したという貝原益軒は，読書こそ「人間の楽しみでこれにかわるものはない」と述べています。そして読書は昼よりも静かな夜が向いていると述べています。

私たちの身の回りには，ゲームやイベントなど人々を楽しませるものがあふれています。毎日長時間スマートフォンで楽しんでいる人もいます。貝原益軒の人生の楽しみ方は，そうしたものとは全く異なり，自然や旅や読書を通じて内なる楽しみを味わうというものです。私たちは，知らず知らずのうちに遊ばされてしまっているのかもしれません。貝原益軒流の，自然を愛でる心，旅を楽しむ心，読書を楽しむ心を育てていく必要があるのではないでしょうか。

指 導案

(1)教材名　　「自分のからだは自分だけのもの？」

(2)内容項目　　D－⑲　生命の尊さ

(3)ねらい　　生命に連続的・有限的側面と関連的・精神的側面の二つがあることを認識するとともに，いずれにして
　　　　　　　もかけがえのないものであり，それを尊重する態度を育成する。

(4)展開の大要

	学習活動と発問	ねらいにせまる手立て	予想される生徒の反応
導入	1　本時のテーマを知る。 ○「自分の『命』が無事であるために必要なものは何でしょう」	・生徒たちに『命』についてのイメージをもたせ，本時の内容への動機づけをする。	・食べ物　・空気 ・住居　　・気力 ・体　・健康　・お金 ・他人　・知識
展開	2　教材の範読を聞く。 3　「自分のからだ」に対する二つの意見をそれぞれ検討する。 ○「貝原益軒の意見をどう思いますか」 （資料A） ○「Aさんの意見をどう思いますか」 （資料B） ◎「それぞれの意見を比較して，グループで話し合いましょう」 4　グループでの話し合いの結果を全体で発表する。	・指導者が範読し，気になる箇所をチェックしながら聴取させる。 ・貝原益軒とそれに反対するAさんのそれぞれの意見の根拠を明らかにする。 ・対立する部分を明確にする。 ・全員にどちらかの意見を選択させ，その根拠を明確にさせた上でグループ活動に移る。 ・4人程度のグループを組ませ話し合いをさせる。 ・単にどちらかの選択ではなく，根拠を明確にしながら話し合わせる。 ・時間があれば，全体でもう一度話し合う機会をつくる。	【貝原益軒の意見について】 ・両親のおかげで自分がある。 ・周りの人に支えられている。 【Aさんの意見について】 ・自由は大切だと思う。 ・自己責任。 ・奴隷制度や人身売買はダメ。 【グループ討議から】 ・どちらも必要な考え方だと思うので，どちらか一方の意見を選択することはできない。 ・二つの意見は，別々の見方から生じている。
終末	5　今日の話し合いから自分の考えをまとめる。	・今日の話し合いをもとに自分の考えを見つめ直させる。	

授業モデル

❶導入
　ここで扱う「命」は，人間に限定されている。したがって，導入でも「自分の命」というものに焦点を当てなければならない。

❷展開
- 教材は二つに分けて配付する。まずは，貝原益軒の意見について書かれた教材を配付し，検討する。その後，Aさんの意見についてのものを配付し同様に検討する。その上で，2人の意見についての根拠を明確にし，どの点がどのように対立するのかということを明確にする。
- 次に自分が共感できる意見を明確にして，黒板にネームプレートを貼らせる。
- その後，4人程度の小規模なグループをつくり，その中で討論させる。グループにする意図は，全員が参加しやすく，意見を出しやすくするためである。グループ活動中，指導者はグループを回りながら話し合いの様子を探り，適宜アドバイスをしながら，進行をスムーズにするように働きかける。ホワイトボードがあれば，それを活用して，話し合いの経緯を自由に書きながら話し合わせるようにする。グループ討議に入る前に簡単な「話し合いのルール」を設定し，全員が自由に意見を出せるような環境を整える。
- グループ討議が終わったら，ホワイトボードを黒板に掲示し，それぞれの班の話し合いの様子を発表させる。さらに時間に余裕がある場合は，全体討議を実施する。

❸終末
　本時で話し合った内容について，もう一度内省させ，考えたことや意見をまとめさせる。

❹板書例

(鈴木　敬三)

D 主として生命や自然，崇高なものとの関わりに関すること

正岡子規

思想家について

❶正岡子規の生涯

1867年，伊予国（現愛媛県）の松山藩士の長男として生まれる。名は常規（つねのり）で，後に升（のぼる）と改めた。

旧制松山中学校に進学し，後に中退して上京した。

1884年，東京大学予備門に入学し，夏目漱石と出会う。この頃に詩歌や俳句を始める。

1890年には，東京帝国大学哲学科に入学し，翌年には国文科に転科。

大学中退後に，新聞『日本』の記者となった。日清戦争が起こると，従軍記者として遼東半島へ赴いたが，すぐに終戦となった。

帰国中の船上で喀血し，須磨保養院で療養した。ホトトギスは「鳴いて血を吐く」といわれたので，「子規」と号し俳句雑誌『ホトトギス』を刊行した。

また，根岸短歌会を主宰し，短歌の革新を断行した。根岸短歌会は，後に伊藤左千夫，長塚節らにより短歌結社『アララギ』へと発展した。

やがて，結核から脊椎カリエスとなり，病臥し1902年に夭逝した。

❷正岡子規の思想

1898年に新聞『日本』紙上に連載した歌論『歌よみに与ふる書』で，『万葉集』や源実朝の『金槐和歌集』（きんかい）を称賛し，「貫之（つらゆき）は下手な歌よみにて『古今集』はくだらぬ集に有之候（これありそうろう）」と高らかに宣言した。『古今和歌集』の選者である紀貫之を下手と断定し，和歌の模範となっていた『古今和歌集』を酷評し，伝統的な価値観を否定した。

この革新的な内容は，歌壇に大きな衝撃を与え，強烈な反発を生んだ。

正岡子規は，まず俳句の革新の方法として「事物をありのままに写す」という写生俳句を唱え，その後，短歌においても万葉調に立脚した写生短歌を唱え，写生文による文章革新を試みた。

また，脊椎カリエスでの病床での生活を綴った『仰臥漫録』『病牀六尺』などの優れた随筆を残した。

授 業のポイント

❶この思想家を通して生徒に考えさせたいこと

　当時，結核は不治の病気であり，「死の病」であった。結核から脊椎カリエスとなり，脊椎が結核菌におかされ歩行困難となり，寝たきりの生活となった。しかも激痛が続き，病床随筆では「苦痛，煩悶，号泣」や「誰かこの苦を助けてくれるものはあるまいか」と続く。寝返りもできず，便通となると時間がかかり，まして包帯には膿が付着し難儀な状況となる。しかし，正岡子規の創作活動が衰えることはない。また，ある日の献立を見ると，豪華である。運動もせず寝たきりなのに旺盛な食欲は，どこから湧き上るエネルギーなのであろうか。生徒たちには，余命がいくばくもない中で，正岡子規はどのように病気と向き合おうとしていたのか，あるいは，自分がこのような状況であったならば，どのように向き合うのかを考え，議論させたい。

❷教材のポイント・考えさせたい中心場面

　正岡子規は，苦痛に苛まれながらも，絵筆をもち草花をスケッチし，新聞の連載記事を書き続けようとする。正岡子規が，死が近づきつつあるにもかかわらず，渾身の力をふりしぼり，創作活動を続けようとしたのはなぜか，考え，議論させたい。
　寝室から窓を見上げると，糸瓜が実を結んでいる。正岡子規にすれば，痰がつまり死がせまりつつある中で，糸瓜に先を越されそうで，糸瓜にも嫉妬するような状況である。このような人生の機微を理解するのは，生徒たちにとって容易ではなかろう。しかしながら，懸命に生きる正岡子規の姿は，生徒にも心打たれるものがあるだろう。正岡子規は冷徹に自己を見つめ，無限の慈しみの心をもって物事を見つめたのである。

❸指導上の留意事項・工夫点

　人間は自然とともに生き，自然に還るともいわれる。死に臨む時の人間の境地はどのようなものであろうか。
　また，妹の律は，献身的に正岡子規の世話をし，自らの人生を犠牲にしているともいえよう。しかし，正岡子規は妹に対し，かなり辛辣な批判をしている。「理窟づめ」「同感同情のなき」「義務的に病人を介抱」「強情なり」「冷淡なり」などという。なぜ，このように律に対し，不平や不満をぶつけるのだろうか。律に対して感謝の気持ちはないのだろうか。正岡子規は律に対し愛憎併存（アンビヴァレンス）となっている。正岡子規の一方的な感情を読み取るのではなく，妹の律の立場も考えて，病者に対しどのように世話（ケア）をしたらよいのか考え，生徒たちが議論することも肝要である。

2章　偉人の話で創る道徳授業プラン　109

自作教材
誰かこの苦(くるしみ)を助けてくれるものはあるまいか

　歌人として、また俳人としても有名な正岡子規は、1867年に伊予国（愛媛県）に生まれた。旧制松山中学校から東京大学予備門に入学し、そこで同級生の夏目漱石と出会った。この頃に短歌や俳句をつくるようになり、その後に革新的な創作活動を行い、名を残したのである。

　しかし、このように活躍した正岡子規であったが、肺結核から脊椎(せきつい)カリエスを併発し、晩年の数年間は根岸（現在の東京都台東区根岸）の子規庵で、寝たきりの生活をせざるをえなかった。脊椎が結核菌におかされたために、骨から膿が出て、雷に打たれたような激痛に悩まされ続け、壮絶な闘病生活を送ったのであった。随筆の『病牀六尺』の冒頭には「病床六尺、これが我が世界である」とある。一尺は、約30cmであるから、少しも体を動かせない正岡子規にすれば、180cm四方が世界の全てなのである。少し手を伸ばして畳にふれることはあるが、蒲団(ふとん)の外に足を伸ばして体を休めることもできないのである。このような寝たきりの正岡子規の世話と介護をしたのが、三歳年下の妹の律(りつ)であった。

「おーい。律や、律。錐(きり)をここへ持ってきてくれないかい」
「えー何ですって、何をするんですか」
「余計なお世話だ。つべこべ言わず持ってこいというんだ。もはや、この激痛に耐えられない。いっそ錐で心臓を一突きしたいという衝動にかられたのだ」
「何を言っているのですか。弱音を吐いて。欲しけりゃ、自分で取りに行きなさい」
「何だって、体を動かせないんだぞ。苦痛、絶叫、号泣だ。ますます絶叫する。誰かこの苦(くるしみ)を助けてくれるものはあるまいか」

　このような状況であっても、正岡子規は絵筆をとって季節の花をスケッチし、新聞に連載記事を書いた。正岡子規の旺盛な創作活動は衰えることはなかった。
「律や、せめて家の庭を歩きたいな。立つことができれば嬉しいなあ。坐ることができればなあ。いや寝返りができれば、一時間でもいいからじっくり眠りたいよ」
「お兄さん、明日の原稿を仕上げなくていいのですか」
「律、わかってるよ。何だか、口やかましいなあ。うーん、理窟(りくつ)づめの女で、情がなく、義務的に病人を介抱するだけで、情をもって病人を慰(なぐさ)めることがないなあ」
「また、お兄さん。いつもの悪口が始まった。私がいなかったらどうするのですか」
「うるさい。そういう性格だから兄の看病人となったんだ」
「はいはいわかりましたから」
「何がわかったんだ」

と，つい声を荒らげてしまった。そうはいっても，心の中では律の代わりになるような看護師はいないと思っている。律は看護師であると同時に，食事係であり，また一家の整理役と同時に秘書であり，様々な役割を引き受けている。原稿の清書もできるし，看護師を雇うと必要な経費の十分の一も必要としない。食事も質素な野菜や漬物など少量で十分なのである。しかし，正岡子規は律に対し，苛立ちや鬱憤などの不満をぶつけるのであった。

また，随筆の『仰臥漫録』には日々の食事の記録がある。寝たきりの正岡子規なのに，成人男子でも食べ残すような朝昼晩とかなり豪華な献立である。そして，その食事を食べ過ぎとはわかっていても貪るように平らげた。一方，世話する律は質素な食事であった。少しでも正岡子規に栄養をつけるために用意したのであった。

（明治三十四年）九月二十一日　彼岸の入　昨夜より朝にかけて大雨　夕晴

便通，繃帯とりかへ

朝　ぬく飯三わん　佃煮　梅干　牛乳一合ココア入　菓子パン　塩せんべい

午　まぐろのさしみ　粥二わん　なら漬　胡桃煮付　大根もみ　梨一つ

便通

間食　餅菓子一，二個　菓子パン　塩せんべい　渋茶　食過のためか苦し

晩　きすの魚田二尾　ふきなます二椀　なら漬　さしみの残り　粥三椀　梨一つ　葡萄一房

正岡子規の寝室から窓を見上げると，縁側の軒先に糸瓜の棚が見えた。9月になると黄色い花を咲かせ，やがて実を結ぶのであった。正岡子規は，しだいに病状が悪化し，食欲もなくなり，喀血がたび重なり，死が近づきつつあった。1902年9月18日，かなり衰弱した体であったが，最後の力をふりしぼり，次の句を書きあげ昏睡に陥った。

を（お）ととひ（い）のへちまの水も取らざりき

中秋の名月の夜に糸瓜から採った水を飲むと痰が切れるという。十五夜に採らなければならなかったのに，痰がつまり，苦痛でたまらない。縁側の軒先の糸瓜は飄々と風に揺られ，何の苦痛もないので，嫉妬すら感じてしまう。糸瓜は花が咲き実を結ぶが，自分は痰がつまり，まもなく死んでいくのであろうか。そして翌9月19日に，正岡子規は律や弟子たちに見守られ，34歳という若さで亡くなった。

〈参考文献〉

松山市教育委員会編著『伝記正岡子規』松山市教育委員会

（小泉　博明）

指 導案

(1)教材名　　「誰かこの苦（くるしみ）を助けてくれるものはあるまいか」
(2)内容項目　　D－㉒　よりよく生きる喜び
(3)ねらい　　正岡子規の短くても懸命に生きた人生を振り返ることで，難病に負けまいとする強さや最後まで気高く
　　　　　　生きること，肉親の情について考える。
(4)展開の大要

	学習活動と発問	ねらいにせまる手立て	予想される生徒の反応
導入	1　正岡子規に関する身近な知識を問う。 ○「『打者』『走者』『四球』『直球』などの野球用語を英語から訳した人で，2002年に野球殿堂入りした人を知っていますか」 2　正岡子規について簡単に説明する。	・正岡子規の身近な知識からせまる。そのために，1の発問の前に最近の野球の話などをして，正岡子規の野球のユニフォーム姿の写真を見せた上で，1の発問をすると興味が高まる。 ・「俳人であり，現代の俳句の型を創りだした人であり，夏目漱石などと友達である」などの簡単な説明をして，いくつかの俳句も紹介する。	・知らない生徒が多い。野球選手の名前を挙げる生徒も多い。
展開	3　教材を読む。 ○「自分のことを『子規』と名づけたのは，どんな気持ちからだったのでしょうね」 ○「余命が短い中で，正岡子規はどのように不治の病に向き合おうとしていたのでしょうか」 ㊞「自分がこのような状況であったならば，このように向き合えますか」 ◎「正岡子規は何のために懸命に生きたのでしょうか」 ㊞「自分なら何があれば懸命に生きられますか」 ○「看病してくれる妹にきつくあたっていますが，律はどう考えていたのでしょう」 ㊞「自分なら，このようにきつくあたる肉親を看病できますか」	・生徒に読ませてもよいし，教師が抑揚をつけながら読んでもよい。 ・この発問の前に「子規」と名づけた理由を説明しておく。 ・前の発問もヒントになる。前の発問で出した答えをもとに，どのように生きていく気持ちだったのかを考える。そして，自分に返す。自分ならこのように生きられるのか考えさせる。 〈ペアで考えさせてもよい〉 ・生きる原動力を考えさせたい。「俳句を極めること」が一番に浮かぶだろうが，生徒の自由な発想にも期待したい。 〈ペアで考えさせてもよい〉 ・自分が看病していて，律のような仕打ちを受けたらどのようにするか，肯定か否定かを考える。正岡子規の懸命さを考えれば肯定もあり得る。 〈グループで議論させて，最終的にどう考えたか，各々の考えを発表させてもよい〉	・面白いと思ったから。 ・血を吐き続けながらも生きようと思ったから。 ・死にたくないから。 ・がんばれば，生きながらえると思っているから。 ・難しいかもしれない。 ・自分も生きたい。 ・俳句。 ・仕事。 ・大切な人や家族。 ・趣味。 ・仕事。 ・我慢できずに看病しない。 ・肉親ならば，律のようにもできるかもしれない。他人では無理。 ・仕事ならできるかも。
終末	4　律のその後を話す。 5　感想を書く。	・正岡家の家督を継ぎ，正岡子規が生きた証を後世に残す働きをしたことを説明する。 ・感想を書いて授業を振り返らせる。	

授業モデル

❶導入

正岡子規について，中学生は二〜三つの俳句は学んでいるが，人生や生き方を知っている生徒はたいへん少ない。そこで，正岡子規について関心がもてるように誰もが知っている野球を導入とした。正岡子規は，野球が導入された頃にたいへん熱心に取り組んでおり，関係する歌や句も詠んでいる。2002年に野球殿堂入りしたことも生徒たちはおどろくだろう。

❷展開

主発問は「正岡子規は何のために懸命に生きたのでしょうか。(㉝自分なら何があれば懸命に生きられますか)」とした。正岡子規の生き様を通して，心身が絶望的な状況に陥った時（生徒も将来経験するかもしれない）に人間はどう生きていくのか，いくべきなのかを考えさせたい。しかし，若き生徒は実感することが難しい。そこで正岡子規が死と向き合い，懸命に生きたことを確認するために，主発問へ導くための補助発問を配置している。教材にはないが正岡子規の生き方を考える上で大切と考え，「結核にかかり吐血した時に，自分を血を吐くまで鳴くといわれるホトトギスの別名・子規と名づけた心情を考える」を始まりとした。主発問の後は，看護に身をささげた妹・律のことにもふれ，看護についても考えさせたい。

❸終末

正岡子規の死後に，妹・律が苦労して正岡子規の遺品管理と正岡子規の住んでいた「子規庵」の保存に努め，正岡子規の生きた証を後世に残す働きをしたことを話す。このことから，妹・律が懸命に生きる正岡子規の気持ちを理解していたことがわかるだろう。余韻をもって感じたことや考えたことを書かせて結びとした。

❹板書例

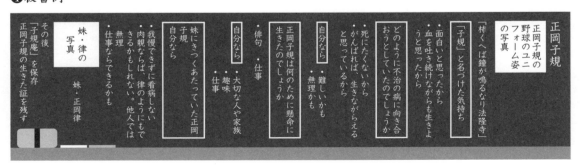

（原口　栄一）

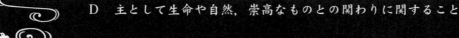

宮沢賢治

D 主として生命や自然，崇高なものとの関わりに関すること

思想家について

　宮沢賢治の童話，物語，詩は独特の言語感覚，ユニークな用語，ファンタジーなどで，今もなお多くの人を惹きつける。しかしその根底には，生きとし生けるもの全てに仏性があるという仏教思想と，世界全体が幸福にならなければ個人の幸福はないという思想がある。

❶宮沢賢治の生涯

　1896年に岩手県稗貫郡川口町に父・政次郎，母・イチの長男として生まれた。家業は古着質商だった。幼い頃から仏教信仰に厚い家庭環境で育つ。19歳で盛岡高等農林学校（現岩手大学農学部）に入学。同校の仏教青年会に参加し，法華経信仰を深めた。22歳で同校を卒業し，妹・トシの看病のために上京する。25歳の時，岩手県稗貫郡立稗貫農学校（後の岩手県立花巻農学校）の教諭となる。

　仕事のかたわら，『月夜のでんしんばしら』『どんぐりと山猫』『注文の多い料理店』などを書き，雑誌に童話『雪渡り』を発表する。26歳の時，妹・トシ死亡。30歳で岩手県立花巻農学校を退職し，一人暮らしをしながら付近の荒れ地を開墾耕作する。「羅須地人協会」を設立し，農村を巡回して稲作法を指導した。32歳の時，稲作不良を心配して風雨の中を奔走したため体調を崩す。病気が一進一退の中，詩や『グスコーブドリの伝記』を発表。37歳で永眠。なお，有名な『雨ニモマケズ』は死後発見された手帳に記されていたものである。

❷宮沢賢治の思想

　宮沢賢治の思想の基盤には法華経信仰がある。法華経では，人間は一人ひとりが仏になることができ，どのような人にも「仏の心」（仏性）が備わっていると説かれる。そして，人間だけではなく，動物も植物も，全ての生きとし生けるものに仏性があると説くのである。

　その上で宮沢賢治は，他者の幸福のために自分をささげようとする。自分の幸福だけを追い求めても，自分の周囲の人々が苦しんでいたり悲しんでいたりする中では，自分の幸福はあり得ない。周囲の人，さらには世界全体が幸福でなければ個人の幸福はあり得ないとする。そのために，宮沢賢治は死ぬまで努力し続けたのである。

授業のポイント

❶この思想家を通して生徒に考えさせたいこと

　宮沢賢治の童話の中では，人間は自然に敬意を払い，自然はそうした人間を受け入れてくれる。『狼森と笊森，盗森』では次のようなシーンがある。「そこで4人の男たちは，てんでにすきな方へ向いて，声をそろえて叫びました。『ここへ畑起こしてもいいかあ』『いいぞお』森がいっせいにこたえました。みんなはまた叫びました。『ここに家建ててもいいかあ』『ようし』森はいっぺんにこたえました。みんなはまた声をそろえてたずねました。『ここで火たいてもいいかあ』『いいぞお』森はいっぺんにこたえました」。『セロ弾きのゴーシュ』では，動物たちとゴーシュがセロを通じて交流する様子が描かれる。こうした童話を通じて，自然と人間との関係について考えさせたい。

　宮沢賢治の文章に，「世界がぜんたい幸福にならないうちは個人の幸福はあり得ない」という一節がある。なぜ，個人が自分の幸福を追求するだけでは幸福になれないのかについて考えさせたい。また，いじわるなザネリが舟から川に落ちたときに，自らの危険をかえりみずにカムパネルラがすぐに川に飛び込んだように，なぜ人は利他的な行動をするのかについても考えさせたい。

❷教材のポイント・考えさせたい中心場面

　世界全体の幸福を願う宮沢賢治の思想は，自分を犠牲にして多くの人を救う物語に表れている。本教材で扱った童話でも，様々な生物との関わり合いの中で，常に相手を尊重し，丁寧に接していこうとする姿を描いている。

　「だってぼくのお父さんがね，ゴーシュさんはとてもいい人でこわくないから行って習えと云ったよ」。子だぬきとゴーシュの言葉のやりとりの中に「共生」を見いだし，自分がどのようにすべきかを考えさせていきたい。

❸指導上の留意事項・工夫点

　宮沢賢治には様々なテーマの童話や物語があるので，授業の目的に合わせて取捨選択が可能である。例えば平等について考えさせたければ，『どんぐりと山猫』の「このなかでいちばんばかで，めちゃくちゃで，まるでなっていないようなのが，いちばんえらい」という言葉を用いるのもよい。

　なお，他人のために自分を犠牲にするということは，自分の幸福を求めないということではない。自分の幸福を求めつつも，自分の幸福の追求だけでは結果的に自分の幸福は得られないということである。

2章　偉人の話で創る道徳授業プラン　　115

宮沢賢治の作品にみる自然と人間との関係

　宮沢賢治の童話の舞台は山や森だったり，月夜だったり，銀河だったりします。そこには，たくさんの動物や鳥たちが登場します。そして，『どんぐりと山猫』や『セロ弾きのゴーシュ』のように，人間と動物がしゃべったり，動物だけでなく，どんぐりや木や森が人間としゃべったりします。自然と人間との会話という点では『どんぐりと山猫』がおもしろいです。主人公の一郎は，山猫に会いに行った時，栗の木に話しかけたり，滝に話しかけたり，きのこたちに話しかけたり，りすに話しかけたりします。例えば次のようなシーンです。

　すきとおった風がざあっと吹くと，栗の木はばらばらと実をおとしました。一郎は栗の木をみあげて，
「栗の木，栗の木，やまねこがここを通らなかったかい」とききました。栗の木はちょっとしずかになって，
「やまねこなら，今朝はやく，馬車でひがしの方へ飛んで行きましたよ」と答えました。

　『狼森と笊森，盗森』では，人間と森が次のように会話します。

　そこで４人の男たちは，てんでにすきな方へ向いて，声をそろえて叫びました。
「ここへ畑起こしてもいいかあ」
「いいぞお」森がいっせいにこたえました。
　みんなはまた叫びました。
「ここに家建ててもいいかあ」
「ようし」森はいっぺんにこたえました。

　現代では森林破壊が問題となっていますが，この物語では人間たちは森に畑をつくったり，家を建てたりしてよいかきいてから入っていきます。ここには，人間が自然と接する時の基本的な心がまえが描かれているように思います。
　また，宮沢賢治の童話に登場する動物や鳥やきのこやどんぐりや森や木々は人間に親切です。とても礼儀正しく人間に接してくれます。『どんぐりと山猫』の山猫は一郎に対し，次のように丁寧に挨拶します。

「こんにちは，よくいらっしゃいました。じつはおとといから，めんどうなあらそいがおこって，ちょっと裁判にこまりましたので，あなたのお考えを，うかがいたいとおもいましたの

です」

『雪渡り』の中でも，きつねの紺三郎は，四郎とかん子にとても礼儀正しく挨拶します。

「これはどうもおみやげを戴いて済みません。どうかごゆるりとなすって下さい。もうすぐ幻燈もはじまります。私は一寸失礼いたします」

『セロ弾きのゴーシュ』の中で，ゴーシュのもとに小太鼓を習いにきたたぬきの子どもは，ゴーシュに次のように話します。

「だってぼくのお父さんがね，ゴーシュさんはとてもいい人でこわくないから行って習えと云ったよ」

　森の生き物たちは，いつもは自分たちの世界で暮らしていますが，人間を自分たちの世界に招いたり，人間の世界に入っていったりする時は，礼儀正しく接してくれます。その一方で，横暴にふるまう人間には，例えば『注文の多い料理店』の中で森の生き物たちが，鳥や動物を狩りに来た人間たちにしたように，いたずらをして懲らしめます。
　このように宮沢賢治の童話の中にたくさんの豊かな自然が描かれている背景には，宮沢賢治の生い立ちがあります。宮沢賢治は岩手県に生まれ，中学時代は寄宿舎生活を送りました。周囲を山々に囲まれ，北上川水系の清流が流れる田園地帯でした。そうした環境に育った宮沢賢治は，少年の頃から山々や川辺をさかんに歩き回り，花崗岩や瑪瑙などの鉱石を採集して回ったり，様々な鳥や獣や魚などを観察したりしました。『やまなし』という童話に登場する沢ガニや，山猫やりすなどは岩手県内の山の中では普通に見られる生き物だったのです。自然とともに育ってきた宮沢賢治だからこそ，宮沢賢治の童話の中では，自然界の生き物たちと人間が，お互いを尊重し合いながら暮らしているのです。

〈参考文献〉
石寒太著『宮沢賢治　祈りのことば』実業之日本社
宮沢賢治著『注文の多い料理店』角川文庫
宮沢賢治著『銀河鉄道の夜』角川文庫
宮沢賢治著『新編風の又三郎』新潮文庫
宮沢賢治著『宮澤賢治全集12』筑摩書房

（村野　光則）

指 導案

(1)教材名　　「宮沢賢治の作品にみる自然と人間との関係」

(2)内容項目　　D −⒆　生命の尊さ

(3)ねらい　　　生涯を通し宮沢賢治が追い求めたテーマを考えることで，全ての生物の生命の尊さについて考え，互いに支え合って生きようとする心情を育てる。

(4)展開の大要

	学習活動と発問	ねらいにせまる手立て	予想される生徒の反応
導入	1　詩『雨ニモマケズ』を提示する。 ○「この詩を知っていますか。作者は誰でしょう」 ○「宮沢賢治とは，どんな人だと思いますか」	・この詩については，ほとんどの生徒が知っていると思われる。そこから本時の動機づけとしたい。 ・宮沢賢治について資料をもとに説明する。 ・国語の時間とも関連させて考えられるとよい。	・見たことがある。 ・宮沢賢治の詩だ。 ・優しい人。 ・自然に詳しい人。
展開	2　教材を範読する。 3　教材に描かれているテーマを考える。 ○「それぞれの話で，宮沢賢治が読者に伝えたかったことは何でしょう」 ⑱「宮沢賢治が大切にしようとしていたことは何でしょう」 4　宮沢賢治が作品に込めた願いを考える。 ◎「宮沢賢治が望んでいたのは，私たちの世界がどのようになることだったのでしょうか」 5　価値の一般化を図る。 ○「自然を大切にするためには，どのようなことを考えればよいでしょうか」	・範読を聴きながら，内容の共通している部分を探し，線を引く。 ・童話に描かれている世界から，草木も動物も人間同様生命あるものであることに改めて気づかせたい。 ・それぞれが支え合うことで自然界は成り立っていることを，話の内容から感じ取らせる。 ・国語の教材として扱ったり，図書室の絵本などを資料として示したりして考えさせたい。 ・自然界での共生について，その大切さに気づかせる。 ・本時の学びについて振り返らせる。 ・自分が普段の生活の中でできることを考えさせたい。（文字にして表現させる）	・動植物と人間の関わる場面。 ・動物がたくさん出てくる。 ・自然と関わる場面が多くあるが，どれも動物や木が人と同じように話をしている。 ・どの話も，お互いを大切にしているように思う。 ・いろいろなものが互いに支え合っている。 ・自分さえよければいいのでなく，何かできることはないか考えたい。
終末	6　自分たちができることを言葉に示す。 ○「桜の樹にたくさんの花を咲かせましょう」	・桜の樹の幹を台紙として，生徒各々が桜の花びらに自分の思いを綴り，それを貼りつけ掲示する。	

授業モデル

❶導入

宮沢賢治の作品は多数あるが，生徒たちにとって最も身近なものが，詩『雨ニモマケズ』であると思われる。そこでこの詩を提示するとともに，「宮沢賢治」について資料をもとに解説し，国語の授業での学習や絵本など，過去の作品とのふれあいについても想起させたい。

❷展開

宮沢賢治の作品では，その多くで動物や植物と人間との関わり合いを描いている。そして，そのどれもが時にお互いが礼儀正しく関わり合い，優しい関係として成り立っている。本教材で扱っている作品についても同様である。童話という日常とかけ離れた世界の中でくりひろげられる，人間と様々な他の生き物たちとの関わり合いを通して，相互に支え合っていることの大切さ，生命の偶然性，連続性，有限性についてもしっかり捉えさせたい。

❸終末

この教材では，自分は具体的に何ができるのか，それを桜の樹に花を咲かせるという教具を用い表明させる。そして，道徳的実践につなげたいと考えた。さらに，それを教室内に掲示することで，長く意識し続けられると考えている。また，自らの手で書き記し掲示するということは，道徳的実践意欲と態度の向上にも通じると考えている。誰もが宮沢賢治がしたように，大きな自己犠牲を払っても世界のために取り組もうとするのは難しい。しかし，様々な生物との関わり合いを大切にすることは，人類そのものが幸福に発展することにつながっていることを改めて考えさせたいと思う。小さなことでも，一人一人が意識して関わり合おうとすれば，やがては大きな成果となって表れていく，そんな若い力と未来に期待したい。

❹板書例

（大舘　昭彦）

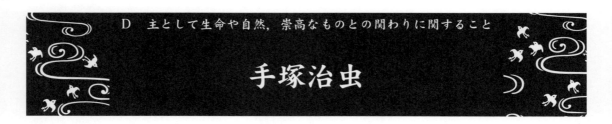

思想家について

　手塚治虫はそれまでの我が国の漫画の概念を変え，数々の新しい表現方法でストーリー漫画を確立して漫画を魅力的な芸術にした。また，『鉄腕アトム』などのテレビアニメーションも制作した。彼の作品は，文学や映画をはじめ，あらゆるジャンルに大きな影響を与えた。

❶手塚治虫の生涯

　1928年に大阪府豊能郡豊中町（現豊中市）に手塚粲・文子の長男として生まれ，治と命名される。昆虫採集が大好きで，図鑑でオサムシという虫を見つけ，本名の治に虫をつけて手塚治虫というペンネームにする。その後，大阪帝国大学附属医学専門部に入学する。18歳で4コママンガ『マアチャンの日記帳』でデビュー。22歳で『ジャングル大帝』の連載開始。23歳で『鉄腕アトム』の前身となる『アトム大使』の連載開始。同年大学卒業。上京し，『リボンの騎士』『火の鳥』などを発表。30歳の時，岡田悦子と結婚。33歳で医学博士の学位を取得。1963年に日本初の30分枠のテレビアニメシリーズ『鉄腕アトム』の放送が開始される。その後も『ブラック・ジャック』『ブッダ』『陽だまりの樹』『アドルフに告ぐ』などの作品を発表し，戦後の日本におけるストーリー漫画の第一人者として活躍。藤子不二雄，石ノ森章太郎，赤塚不二夫，萩尾望都など数多くの漫画家に影響を与え，「マンガの神様」と評された。60歳で病没。

❷手塚治虫の作品に流れるもの

　手塚治虫は，太平洋戦争時，旧制中学生（今の高校生）だった。1945年の大阪大空襲の時は学徒動員されており，一面火の海となった中で人々が逃げまどい焼け死んでいく姿を目の当たりにし，自分自身も死の恐怖を味わった。そのことが，徹底した反戦思想を生み出した。

　手塚治虫は，「これだけは断じて殺されても翻せない主義がある。それは戦争はご免だということだ」と述べており，戦争を徹底的に否定している。手塚治虫の作品には，『マアチャンの日記帳』から絶筆となった『ネオ・ファウスト』まで，全ての作品において戦争否定の精神と，戦争を生み出す差別・支配に対する厳しい批判が込められている。同時に，人間に限らずあらゆる生命の大切さを訴え続けてきたのである。

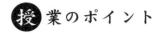

❶この思想家を通して生徒に考えさせたいこと

　手塚治虫には，多くの著名な作品がある。そうした作品を取り上げながら，手塚作品に流れる徹底した戦争否定の思想と，人間だけでなく自然界の全ての生命を大切にする姿勢について考えさせたい。

❷教材のポイント・考えさせたい中心場面

　手塚治虫の戦争体験は，『紙の砦』『どついたれ』などに描かれているが，岩波新書の『ぼくのマンガ人生』の中に大阪大空襲について語った部分がある。「ぼくが堤防に駆けあがると，死体の山です。ウシもたくさん死んでいました。淀川の堤防で食糧増産のために，牧場の代わりに，ウシを飼っていたのです。そこに爆弾が落ちて，人間もウシもいっしょくたに死んでいる。ウシは黒こげになって煙がぷうっと出ている。ビフテキみたいな臭いがぷーんとただよっています。上流の方にある淀川大橋にも直撃弾が当たりました。だから，大橋の下に逃げ込んだ人たちがひとたまりもなくやられてしまった」
　「大阪の方向や，阪神沿線を見ると，まっ暗な雲の下が赤く光っています。それも普通の赤ではありません。ちょっと形容しがたい赤色なのです。赤いイルミネーションのようです。それを見ているうちに，現実の世界ではないのではないか，もしかしたら夢を見ているのではないか，あるいはぼくはもう死んでしまって，地獄なのではないかという気が一瞬したのです。それくらい恐ろしい光景でした」。手塚治虫自身が戦争に巻き込まれ多くの人の無惨な死を目の当たりにしたことが，その作品に大きな影響を与えていることに気づかせたい。
　また，『火の鳥』の「鳳凰編」には，差別や嫉妬，権力欲，献身と優しさなど，人間の様々な欲望や感情が描かれている。そしてそうした人間の生を手塚治虫は輪廻転生というマクロの視点から捉え，いかにそうしたことが宇宙という観点から見れば小さなことなのかに気づかせようとする。同時に大乗仏教の一切衆生悉有仏性という立場から，手塚治虫は人間の命だけが尊いのではなく，生命そのもの，生命をもった自然界全てが尊いということを訴えている。

❸指導上の留意事項・工夫点

　輪廻転生はあくまでも宗教思想であるので，インド思想を源流として大乗仏教に取り入れられた考え方である点を明確にしておきたい。生命をめぐる現代の課題という点では，『ブラック・ジャック』シリーズが適している。『ブラック・ジャック』は，必ずしもハッピーエンドではなく，問題提起で終わる物語や救われない結末も多い。しかし，考えさせられる物語も多いので，環境倫理や生命倫理，正義の問題など，個別のテーマを扱う時には有用である。

自作教材　「火の鳥　鳳凰編」にみる手塚治虫の生命観

　『火の鳥』は手塚治虫のライフワークともいわれた作品です。『火の鳥』には，「未来編」「ヤマト編」「宇宙編」「太陽編」「鳳凰編」などがありますが，どれも命がテーマとなっています。
　「鳳凰編」の舞台は，奈良時代の大仏が建立される頃です。中心となる人物は，生まれたその日に右目と左腕を失った我王です。我王は村人の差別と迫害に耐えかねて人を殺して村から逃亡します。その後も我王は生き延びるために多くの人を殺し，人々からお金や食糧を奪い取っていきます。そして速魚と名乗る美しい女性を連れ去り強引に妻にします。速魚は我王に次のように問いかけます。

　「あれだけ人を殺しておいて……何とも思わないの……」
　「どう思えってんだ？　おれには生きつづける権利があるんだ」
　「あるんだって，それはだれが決めるの？」
　「そんなこた知らねえ，生まれたときからそう決まってるんだ！　とことんまで生きてやる」

　我王にとっては，世の中というものは弱肉強食の世界であり，自分が生き続けるために他人を殺すことは当たり前のことだったのです。やがて，盗賊の首領となった我王の鼻に腫瘍ができ，醜く腫れてきます。手下にそれは妻の恨みのせいだと言われた我王は，怒って速魚を殺してしまいます。しかし，我王にやさしく仕えた速魚は，実はかつて我王が命を助けたてんとう虫の化身だったのです。息を引き取るまぎわに，速魚は次のように我王に告白します。

　「私は，いつだったかおまえに命を助けられた者です。おまえは私をそっとだきあげて助けてくれたのよ。おまえは人殺しで乱暴だけど私は殺さなかった……。おまえは，ほんとは心のやさしいいい人だと知って私はうれしかったの。だからおまえにとついだのよ」

　我王はその時，初めて速魚の本当の気持ちを知り，速魚が自分にとってかけがえのない存在だったことに気づくのです。我王はその後役人につかまり，首をはねられる寸前で良弁僧正に救われ，良弁にしたがって旅に出ます。そして良弁と語り合う中で人間の運命や命のつながりというものについて考えるようになります。数年の後，長らく離ればなれだった良弁の死に出会った我王は激しいショックを受け，次のように自問自答します。

　「人はなぜ死ぬのか……。なぜ生きものは死なねばならぬのか？　いや……なぜ生きるのか？　死ぬために生きるのか？」

そして，我王はついに次のような結論にたどりつきます。

「虫魚禽獣，死ねば……どれもみんな同じ！」
「生きる？　死ぬ？　それがなんだというんだ。宇宙のなかに人生など，いっさい無だ！」

　我王は，自分の命だけが尊いのではなく，また人間の命だけが尊いのではないことに気づきます。そして，命という点では人間も人間以外の全ての生き物の命もみな同じであると考えます。その後，我王はとても穏やかな人間となり，仏像を彫ったり寺院の屋根を飾る鬼瓦をつくったりしながら諸国を遍歴します。いつしか我王の周りには，動物や鳥たちが集まるようになってきていました。我王のつくる仏像や鬼瓦があまりにすばらしいのでその噂が都に伝わり，東大寺の大仏殿の鬼瓦をつくるように命じられます。しかし，鬼瓦づくりを競い合った仏師の茜丸に，若い時我王に右腕を傷つけられたことを暴露され，我王は残された右腕も斬り落とされてしまいます。両腕を失い放り出された我王は再び遍歴の旅に出ます。そして山々の頂に輝く太陽を見ながらこうつぶやきます。

「なんという美しい世界だろう。美しい……！　おれとしたことが，あの手を斬られたときにも出なかった涙が……！」「なぜおれは泣くのだろう。なぜこんなに天地は美しいのだろう」

　そして自分が心から感動している理由を考え続けた我王は，決心します。

「そうだ。ここではなにもかも生きているからだ！」
「おれは何年かぶりで都へ出てよくわかった。あの貴族どもの目—藤原仲麻呂にせよ橘諸兄にせよ，目が死んだ魚のようにうつろだった！」
「良弁さま，あなたがなぜこの世から逃げてしまわれたのかわかります。だが，おれは死にませんぞ。おれは生きるだけ生きて……世の中の人間どもを生き返らせてみたい気もするのです」

〈参考文献〉
斎藤次郎著『手塚治虫がねがったこと』岩波ジュニア新書
手塚治虫著『ぼくのマンガ人生』岩波新書
手塚治虫著『手塚治虫　未来へのことば』こう書房

〈参考ホームページ〉
TezukaOsamu.net　URL：http://tezukaosamu.net/jp/

（村野　光則）

指 導案

(1)教材名　　「『火の鳥　鳳凰編』にみる手塚治虫の生命観」

(2)内容項目　　D－⒆　生命の尊さ

(3)ねらい　　良弁に会う前の我王の「生きること」への思いと，良弁が死んだ後の我王の「生きること」への思いの違いを考えることを通して，人間だけでなく自然界全ての生命を尊重しようとする態度を育てる。

(4)展開の大要

	学習活動と発問	ねらいにせまる手立て	予想される生徒の反応
導入	1　手塚治虫について知る。	・写真や作品を見せながら紹介し，反戦思想から，生命に対する思いが強いことを伝える。	
展開	2　教材の範読を聞いて考える。 〇「我王が『人はなぜ生きるのか。死ぬために生きるのか』と自問自答したのはどのような思いからでしょうか」 ◎「良弁に出会う前と良弁が死んだ後の『生きること』への我王の思いはどのようなものでしょうか」 〇「我王の考えが変化したのはなぜでしょうか」 3　手塚治虫の思想を知る。	・速魚や良弁などの大切な人を失って初めて，「生きること」について自問自答したことに気づかせる。 ・グループで語り合いをさせ，様々な考えにふれさせるとともに，誰もが多くの考えを発表できるようにする。 ・比較して考えさせることで，我王の生命に対する思いの変化を明確に理解させる。 ・我王は幼い頃，周囲の人々から差別や迫害を受けていたことにもふれる。 ・両腕を失い，太陽を見て感動し，涙を流した我王はどのようなことに気づいたのかについても考えさせる。	・大切な人の死が，こんなにつらいのはなぜなんだろう。そのわけを知りたい。 ・他人の命はどうなってもいい。自分には関係ない。 ・自分には生きる権利がある。 ・どんな命も大切にしてともに生きていきたい。 ・全ての命を大切にし，悲しいことやつらいことがあってもたくましく生きていきたい。
終末	4　学習の振り返りをする。	・「新しい気づきや発見」「もっと考えたいこと」の二つの視点で書かせる。	

授業モデル

❶導入
漫画家である手塚治虫が医学博士でもあることや，大阪大空襲の経験から反戦思想をもっていることを紹介する。手塚治虫の作品には，「命の大切さ」を伝えるものが多いことにもふれる。

❷展開
教材を範読した後，「人はなぜ生きるのか。死ぬために生きるのか」と自問自答する我王の思いを考えさせることで，それまで我王が出会った人や，その影響について整理させる。

そして，良弁に出会う前と良弁が死んだ後の「生きること」への我王の思いをそれぞれ考えさせ，考え方に大きな変化があることに気づかせる。

さらに考えが変化したわけを考えさせることでねらいにせまる。

また，我王は幼い頃，周囲の人々から差別や迫害を受けていたことにもふれ，様々な人々との関わりが，我王の人生に大きな影響を与えていることを理解させる。

生徒同士で十分な語り合いをさせた後，手塚治虫の思想を伝え，本時の学習をさらに深めさせる。

❸終末
本時の学習の振り返りでは，人との関わりによって一人の人間の人生が大きく変わることがあるということや，人間の命だけでなく，生きているもの全ての命が尊いものであるという気づきを期待したい。

❹板書例

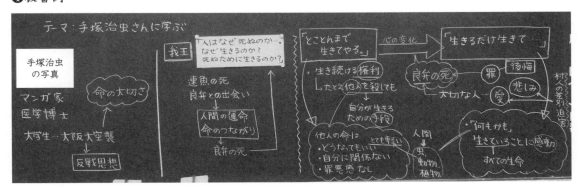

（馬場　真澄）

【執筆者紹介】（執筆順）

小泉　博明	文京学院大学教授
大舘　昭彦	千葉県教育庁東葛飾教育事務所主席指導主事
本間　恒男	東京都立多摩高等学校
桃﨑　剛寿	熊本県熊本市立白川中学校
高橋　勇	埼玉県立大宮高等学校
鈴木　敬三	栃木県大田原市立大田原小学校
井上　兼生	聖学院大学特任教授
蒔田久美子	千葉県茂原市立本納中学校
眞所　佳代	横浜市立横浜サイエンスフロンティア高等学校
富岡　栄	高崎健康福祉大学特任教授
馬場　真澄	栃木県大田原市立黒羽中学校
佐伯　英志	東京都立国分寺高等学校
魚山　秀介	帝京大学短期大学教授
末吉登紀子	千葉県いすみ市立岬中学校
山中　太	長崎県佐世保市立愛宕中学校
村野　光則	東京大学教育学部附属中等教育学校
原口　栄一	鹿児島県鹿児島市立甲東中学校

【編著者紹介】

小泉　博明（こいずみ　ひろあき）
現在，文京学院大学外国語学部教授，学部長。早稲田大学教育学部非常勤講師。
早稲田大学第一文学部東洋哲学科卒業。日本大学大学院総合社会情報研究科博士課程修了。博士（総合社会文化）。
『斎藤茂吉　悩める精神病医の眼差し』（単著）ミネルヴァ書房，2016年。『テーマで読み解く生命倫理』（編著）教育出版，2016年。『日本の思想家　珠玉の言葉百選』（編著）日本教育新聞社，2014年。『人間共生学への招待』（編著）ミネルヴァ書房，2012年など。
教職員支援機構　道徳教育指導者養成研修（中央・ブロック別）講師及び指導助言者。日本医科大学付属病院倫理委員会委員。

大舘　昭彦（おおだて　あきひこ）
千葉県教育庁東葛飾教育事務所主席指導主事。
学校心理士。ガイダンスカウンセラー。日本道徳教育方法学会評議員。
1962年千葉県生まれ。
上越教育大学大学院学校教育研究科修了。
1985年4月，千葉県公立中学校教員としてスタートする。
千葉県流山市教育委員会指導課指導主事。
千葉県流山市立東深井中学校教頭。
千葉県教育庁東葛飾教育事務所指導主事。
千葉県流山市立小山小学校校長を経て，2017年度より現職。

中学校道徳サポートBOOKS
偉人で「考え，議論する」道徳授業を創る

2017年10月初版第1刷刊 ©編著者　小　泉　博　明
　　　　　　　　　　　　　　　大　舘　昭　彦
　　　　　　　　　発行者　藤　原　光　政
　　　　　　　　　発行所　明治図書出版株式会社
　　　　　　　　　　　　　http://www.meijitosho.co.jp
　　　　　　　　　　　　　（企画）茅野　現　（校正）嵯峨裕子
　　　　　　　　　　　　　〒114-0023　東京都北区滝野川7-46-1
　　　　　　　　　　　　　振替00160-5-151318　電話03(5907)6701
　　　　　　　　　　　　　ご注文窓口　電話03(5907)6668
＊検印省略　　　　　組版所　中　央　美　版

本書の無断コピーは，著作権・出版権にふれます。ご注意ください。
教材部分は学校の授業過程での使用に限り，複製することができます。

Printed in Japan　　　　　　　ISBN978-4-18-183724-2
もれなくクーポンがもらえる！読者アンケートはこちらから →

好評発売中！

考える道徳を創る
新モラルジレンマ教材と授業展開

荒木紀幸 編著

【小学校】
図書番号2450・B5判・152頁・2460円+税

【中学校】
図書番号2451・B5判・176頁・2600円+税

教科化で「読む道徳」から「考え、議論する道徳」への転換が求められていますが、なかなか議論する道徳授業をつくるのは難しいものです。しかし、モラルジレンマ教材を用いれば、道徳的判断力を育てる白熱議論の授業ができます。新作教材を指導案付でお届け。

中学校道徳サポートBOOKS
中学校道徳
アクティブ・ラーニングに変える7つのアプローチ

図書番号2493・B5判・144頁・2100円+税

田沼茂紀 編著

教材を読み取るだけの道徳から、アクティブ・ラーニングを位置づけた道徳に変えるにはどうすればいいのか。本書では、「発問」「板書」「役割演技」など、道徳授業を変える7つのアプローチを紹介。すぐに実践できる指導案付きの授業例も満載！

—— 7つのアプローチでアクティブ・ラーニングの道徳ができる ——

アプローチ1　道徳科のテーマ設定を工夫する　／　アプローチ2　発問や話し合いで授業を変える　／　アプローチ3　板書の工夫で授業を変える　／　アプローチ4　多様な書く活動で授業を変える　／　アプローチ5　役割演技で授業を変える　／　アプローチ6　体験活動を授業に生かす　／　アプローチ7　学びの評価を授業に生かす

明治図書　携帯・スマートフォンからは **明治図書ONLINEへ**　書籍の検索、注文ができます。▶▶▶

http://www.meijitosho.co.jp　＊併記4桁の図書番号（英数字）でHP、携帯での検索・注文が簡単に行えます。

〒114-0023　東京都北区滝野川7-46-1　ご注文窓口　TEL 03-5907-6668　FAX 050-3156-2790